KNIGGE
kinderleicht

Benimm für Kids

Karolin Küntzel

compact kids ist ein Imprint der Compact Verlag GmbH

© Compact Verlag GmbH
Baierbrunner Straße 27, 81379 München
Ausgabe 2015
6. Auflage

Alle Rechte vorbehalten. Nachdruck, auch auszugsweise,
nur mit ausdrücklicher Genehmigung des Verlages gestattet.

Text: Karolin Küntzel
Chefredaktion: Dr. Matthias Feldbaum
Redaktion: Felicitas Szameit
Produktion: Ute Hausleiter
Abbildungen: siehe Bildnachweis S. 112
Illustrationen (Fallbeispiele): Robert Platzgummer
Titelabbildung: www.fotolia.de: kiri
Gestaltung: ekh Werbeagentur GbR
Umschlaggestaltung: ekh Werbeagentur GbR

ISBN 978-3-8174-7927-6
5479271/6

www.compactverlag.de

Vorschnuppern

Du kennst das bestimmt: Ständig wird man von Eltern und Lehrern aufgefordert, aufrecht dazusitzen, nicht zu schmatzen und jedem die Hand zum Gruß zu reichen – das kann ganz schön nerven und ist echt anstrengend.

Allerdings sind solche Regeln wichtig und haben immer eine bestimmte Bedeutung. Das Händeschütteln zum Beispiel: Das gab es schon vor 2000 Jahren und war ein Zeichen der Freundschaft. 1000 Jahre später, im Mittelalter, zeigte der Ritter mit dem Abnehmen des Helms und seinem Handschlag: „Sieh her, ich bin unbewaffnet und komme in guter Absicht!". Hielt sich jemand nicht an diese Spielregeln, konnte es schon mal ganz schön übel ausgehen.

Auch heute kannst du dir jede Menge Ärger ersparen, wenn du dich gut benehmen kannst und rücksichtsvoll bist. Außerdem werden deine Mitschüler Respekt vor dir haben und dich mögen. Sogar die Erwachsenen werden dich in guter Erinnerung behalten.

Damit dir das noch leichter fällt und du genau weißt, wie das geht, empfehle ich dir dieses Buch. Darin finden sich super Tipps!

Zwei Tricks habe ich gleich noch für dich: Behandle jeden so, wie du selbst behandelt werden möchtest, und versuche immer, aufrecht dazustehen, freundlich zu lächeln und immer höflich „bitte" und „danke" zu sagen. Das wirkt wahre Wunder!

Clemens Graf von Hoyos

Vorstandsvorsitzender der Deutschen-Knigge-Gesellschaft

Inhalt

Manieren – wozu eigentlich?   6

Knigge, wer ist denn das?   8
Vorurteile kontra Vorteile   9
Knigge-Quiz   13

Kennenlernen und Wiedertreffen   14
Hallo und Hi   15
Duzen und Siezen   18
Die richtige Reihenfolge einhalten   20
Knigge-Quiz   23

Der Ton macht die Musik   24
Bitte und Danke – das Einmaleins der Höflichkeit   24
Jugendsprache   27
Schimpfen und Fluchen   28

Es gibt Ärger   30
Knigge-Quiz   34

Schmeckts denn?   35
Knigge bei Tisch   36
Im Restaurant   39
Schwierige Gerichte gekonnt verspeisen   45
Peinliche Missgeschicke spielend meistern   50
Knigge-Quiz   52

Outfit und Hygiene   53
Klamotten von Kopf bis Fuß   53
An meine Haut lasse ich nur ...   57
Menschliche Ausrutscher – von Gähnen bis Niesen   60
Knigge-Quiz   63

Ab auf die Piste — 64
Eingeladen sein — 64
Selbst Gastgeber sein — 67
Knigge für Kino, Theater und Museum — 70
Knigge-Quiz — 74

Tolle Technik: Kommunikation und Unterhaltung — 75
Telefonieren, aber richtig — 75
Das fetzt im Netz – E-Mail und Chat — 81
Nostalgie pur – Brief und Postkarte — 83
Beschallung für alle? — 85
Knigge-Quiz — 87

Unterwegs – ganz nah — 88
Mit Bus und Bahn — 88
Mit Fahrrad, Skateboard oder Roller — 90
Knigge-Quiz — 95

Unterwegs – ganz fern — 96
Im Flugzeug und auf dem Schiff — 97
In fremden Betten — 101
Andere Länder, andere Sitten — 104
Knigge-Quiz — 108

Kniggespiel — 109

Register — 111

Lösungen — 112
Bildnachweis — 112

Manieren – wozu eigentlich?

Stell dir vor, du würdest dich immer noch so benehmen wie ein Baby oder ein Kleinkind. Als Begrüßung reicht ein lautstarkes Krähen und ein Grinsen, zum Essen benötigst du kein Besteck, sondern nur die Hände, und gemampft werden kann nach Herzenslust. Der Spinat klebt in den Haaren und an der Tapete – alles kein Problem für dich. Wenn du etwas nicht essen willst, spuckst du es in hohem Bogen wieder aus. Wenn du etwas haben willst, schreist du. Ob du dreckig bist, ist dir völlig egal.

Duschen kannst du nicht ausstehen und Baden nur, wenn du ordentlich herumplanschen darfst. Der Tante sagst du mitten ins Gesicht, dass sie stinkt, und du bohrst mit Hingabe in der Nase – gern auch in Gesellschaft.

Solch ein Verhalten wird bei Babys und kleinen Kindern vielleicht noch als niedlich empfunden, aber mit zunehmendem Alter wird von dir ein anderes Benehmen erwartet. Dann sind gute Manieren gefragt. Doch was sind Manieren eigentlich?

Das Wort „Manieren" kommt aus dem Französischen und bedeutet so viel wie „Art und Weise". Wenn du dich manierlich benimmst, heißt das, dass du dich den herrschenden Regeln und Formen anpasst. Welche Manieren dabei als gut empfunden werden, ist von Kultur zu Kultur unterschiedlich. Auch änderte sich im Laufe der Zeit die Einstellung zu bestimmten Verhaltensweisen immer wieder. Früher, zu Zeiten der Ritter, durfte zum Beispiel mit den Händen gegessen werden und Mahlzeiten waren eine lautstarke Angelegenheit. Heute wird eher erwartet, dass du zu Messer und Gabel greifst und das Essen weitestgehend in Ruhe stattfindet.

Viele Regeln und Umgangsformen, nach denen unsere Urgroßmütter und -väter gelebt haben, sind heute schon total aus der Mode. Oder kannst du dir vorstellen, einen tiefen Knicks oder eine Verbeugung zur Begrüßung zu machen? Auch der Handkuss ist inzwischen ziemlich veraltet.

Ob nun von guten Manieren, Umgangsformen oder einem einwandfreien Benehmen die Rede ist – gemeint ist immer dasselbe. Weitere Synonyme,

das heißt andere Wörter mit der gleichen Bedeutung, sind: Betragen, Art, Feingefühl, Form, Gebaren, Haltung, Höflichkeit, Kultur, Lebensart, Anstand, Niveau oder Schliff.

Auf einen Blick
Gute Manieren
- werden ab einem bestimmten Alter erwartet.
- sind je nach Kultur unterschiedlich.
- können sich im Laufe der Zeit ändern.

Viele Worte – nur: Was steckt dahinter? Und wer macht eigentlich die Regeln, wer bestimmt, was gutes Benehmen ist? Früher waren das die herrschenden Klassen, der Adel und auch der Klerus, das heißt die Kirche. So gab es je nach gesellschaftlichem Stand bestimmte Kleidervorschriften und Verhaltensweisen, die es einzuhalten galt. Ein Verstoß dagegen wurde unter Umständen sogar bestraft. Heute gibt es zwar auch noch Adlige, sie bestimmen aber nicht mehr darüber, was gute Manieren sind. Von ihnen wird höchstens erwartet, dass sie ganz besonders gut wissen, wie man sich benimmt, und sich auch danach richten.

Viele der heute angewandten Regeln sind aus der Vergangenheit überliefert. Was nicht mehr in die Zeit passt und sehr altmodisch wirkt, wird entweder verändert oder aber auch komplett gestrichen. So sind Benimmregeln nicht unumstößlich für alle Zeiten, sondern verändern sich und sind durchaus lebendig.

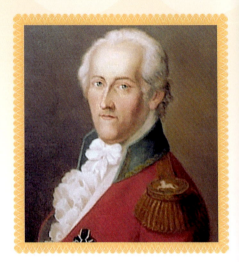

Knigge, wer ist denn das?

Wenn von gutem Benehmen die Rede ist, taucht ein Name immer wieder auf: Knigge.

Freiherr Adolph Franz Friedrich Ludwig Knigge (16. Oktober 1752 – 6. Mai 1796) war ein deutscher Schriftsteller und Aufklärer. Sein bedeutendstes Werk heißt „Über den Umgang mit Menschen". Ursprünglich war es als Aufklärungsschrift gedacht und sollte die Höflichkeit und das Taktgefühl zwischen unterschiedlichen Ständen, Berufs- und Altersgruppen fördern. Konkrete Verhaltensregeln enthielt es – wie viele Leute auch heute noch meinen – nicht. Diese wurden erst nach seinem Tod hinzugefügt und seitdem ständig ergänzt und erweitert. Heute wird das Werk kurz „Knigge" genannt und gilt als der maßgebliche Benimmratgeber.

Adolph Freiherr Knigge kam als Kind einer sehr alten, aber verarmten Adelsfamilie zur Welt. Er wurde standesgemäß in Bredenbeck, in der Nähe von Hannover, erzogen. Als er elf Jahre alt war, starb seine Mutter, drei Jahre später bereits der Vater. Die Eltern vererbten ihm viele Schulden und das Anwesen wurde unter Zwangsverwaltung gestellt. Sein Vormund schickte ihn im Alter von 14 Jahren zum Privatunterricht nach Hannover.

In Göttingen studierte er später Jura. Seine erste Anstellung fand er beim Landgrafen Friedrich II. von Hessen-Kassel als Hofjunker und Assessor. Durch Intrigen verlor er diesen Posten kurz darauf wieder und zog mit seiner Frau, der Hofdame Henriette von Baumbach, und seiner Tochter erst nach Nentershausen und später nach Hanau. Im Jahr 1776 wurde er erneut an den Fürstenhof gerufen, wo ihn Herzog Carl August von Sachsen-Weimar zum weimarischen Kammerherrn ernannte.

Knigge mochte das Leben bei Hof allerdings nicht besonders und widmete sich verstärkt der Schriftstellerei. Er verfasste aufklärerische Schriften sowie politische und satirische Texte, die ihn in Adelskreisen nicht sehr beliebt machten. Verschiedene Romane, Übersetzungen und Theaterstücke stammen ebenfalls von ihm.

Von 1780 bis 1784 war er Mitglied des Illuminatenordens, einem Geheimbund, was ihn in den Augen der Obrigkeit verdächtig machte. Seine radikalen Ansichten und sein Eintritt für die Menschenrechte brachten ihm den Ruf eines Rebellen ein.

Sein abwechslungsreiches Leben führte ihn von Frankfurt am Main nach Heidelberg und später wieder nach Hannover. Ab 1791 war er Oberhauptmann in Bremen, wo er 1796 nach schwerer Krankheit starb.

Auf einen Blick
Mit Knigge bezeichnet man:
- Adolph Freiherr Knigge
- sein Buch „Über den Umgang mit Menschen"
- die unterschiedlichsten Ratgeber mit Verhaltensregeln

Vorurteile kontra Vorteile

Vielleicht denkst du jetzt: Adolph Freiherr Knigge ist nun schon über 200 Jahre tot, warum soll ich mich dann mit ihm und „seinen Regeln" beschäftigen? Ganz einfach: weil sich zwar einzelne Umgangsformen geändert haben, Höflichkeit, Respekt und Manieren deshalb aber noch lange nicht überflüssig geworden sind. Trotzdem existieren immer noch viele Vorurteile, wenn es um gutes Benehmen geht.

*Vorurteil Nr. 1: Ich muss so tun,
als möge ich jemanden.*
Du kannst Tante Frieda nicht leiden und
sollst trotzdem nett und freundlich zu
ihr sein. Das kommt dir wie Heuchelei
vor, weil du ihr am liebsten sagen würdest, dass sie dich in Ruhe lassen soll.
Sicher kann man nicht alle Menschen
gleich gernhaben. Es erwartet auch
bestimmt niemand von dir, dass du
deiner Tante vor Freude um den Hals
fällst und ihr erzählst, wie sehr du dich
auf sie gefreut hast.

Höflich ist es jedoch, sie wenigstens zu
begrüßen und auf Fragen auch zu
antworten. Jemandem direkt ins
Gesicht zu sagen, dass man ihn nicht
leiden kann, ist sehr verletzend für
diese Person. Besser ist es in so einem
Fall, sich zurückzuhalten und die Ab-
neigung für sich zu behalten.

*Vorurteil Nr. 2: Gutes Benehmen ist
total spießig und langweilig.*
Das Wort spießig bedeutet unter anderem kleinkariert, engstirnig und angepasst. Wenn du dich an gängige Verhaltensregeln anpasst, kann das von der
Wortbedeutung her zwar spießig sein,
aber kleinkariert ist es deshalb noch

lange nicht. Wenn dich die Eltern deines
Freundes nett begrüßen oder dir jemand im Kaufhaus die Tür aufhält,
findest du das wahrscheinlich auch eher
freundlich als spießig.

Klar kann es auch langweilig sein, sich
ständig gut zu benehmen. Um gegen
die Regeln in einer Gesellschaft zu verstoßen, musst du sie aber erst einmal
kennen. Denn wenn du dich aus Versehen danebenbenimmst, ist das oft
eher peinlich als cool.

*Vorurteil Nr. 3: Gute Manieren sind
Äußerlichkeiten und daher nur oberflächlich.*
Auf den ersten Blick mögen angenehme
Umgangsformen sehr oberflächlich wirken. Sie sind es auch, wenn du Regeln
nur auswendig lernst und dich verhältst, als wärest du dressiert. Wenn
du aber verstanden hast, warum es
diese Regeln gibt, und du voll dahinter-
stehst, dann ist gutes Benehmen nicht
oberflächlich. Kommen die guten
Manieren von Herzen, zeugt das von
Respekt und Wertschätzung anderen
Personen gegenüber. Dann bilden die
Manieren den Rahmen dafür, dass sich
alle wohlfühlen.

Manieren – wozu eigentlich?

Klar ist, dass gutes Benehmen auch Vorteile haben muss. Sonst würden sich wahrscheinlich nicht so viele Leute danach richten und so viel Wert darauf legen. Überlege einmal: Welche könnten das sein, welche kennst du aus eigener Erfahrung?

Vorteil Nr. 1: Nette Menschen sind beliebt.
Triffst du dich lieber mit der fröhlichen Katrin, die das letzte Stück Schokolade mit dir teilt, oder mit der ewig nörgelnden Susi, die nur an sich denkt und dir das Stück vor deiner Nase wegschnappt? Wahrscheinlich ist dir Katrin lieber und das geht den meisten Menschen so. Auch Forscher haben inzwischen nachgewiesen, dass freundliche Leute nicht nur beliebter sind und mehr Freunde haben, sie sind auch erfolgreicher als die egoistischen und griesgrämigen Menschen. Gerade im späteren Berufsleben ist tadelloses Benehmen eine wichtige Voraussetzung, um Karriere zu machen.

Vorteil Nr. 2: Gutes Benehmen macht selbstsicher.
Wenn du gebeten wirst, bei einem Spiel mitzumachen, dessen Regeln du nicht kennst, bist du wahrscheinlich unsicher. Machst du alles richtig oder landest du schon beim ersten Spielzug im Fettnäpfchen und die anderen lachen dich womöglich gleich aus? Die Regeln zu kennen, schafft Sicherheit und bietet dir einen Rahmen, in dem du dich frei bewegen kannst. Auch ungewohnte oder neue Situationen kannst du dann leichter meistern – ganz ohne rot zu werden.

Vorteil Nr. 3: Alle fühlen sich wohler.
Die meisten Menschen fühlen sich gleich viel wohler, wenn ein paar Grundregeln der Höflichkeit eingehalten werden. Ein freundliches „Guten Morgen", ein „Danke" für eine kleine Gefälligkeit oder ein Geschenk, die Entschuldigung

Manieren – wozu eigentlich?

zur rechten Zeit und ein ruhiger Umgangston schaffen für alle eine angenehme und sichere Atmosphäre. Bist du bei Tom zu Besuch, begrüßt dich seine Mutter mit: „Schön, dass du da bist!" Ganz anders dagegen bei Marvin. Da streiten sich die Eltern ständig, und wenn jemand mit dir spricht, heißt es eher: „Was machst du denn hier?" Wen besuchst du lieber?

Vorteil Nr. 4: Gute Manieren kann man lernen.
Keinem Menschen wurden die perfekten Umgangsformen bereits in die Wiege gelegt. Jeder musste sie erst lernen. Deine Oma genauso wie deine Eltern oder die Lehrerin. Als Kind lernst du, mit Besteck zu essen, später vielleicht, wie der Hummer gekonnt zerteilt wird oder wie man ausländische Staatsgäste bewirtet. Alles eine Frage der Übung. Das Tolle: Die meisten Menschen haben Verständnis, wenn es bei dir nicht gleich klappt. Sie wissen, dass du noch einiges lernen musst, und finden es gut, dass du dir Mühe gibst.

Im Grunde ist es also genauso wie beim Fahrradfahren. Am Anfang fällst du noch häufig hin und holst dir Schrammen, ein wenig später machst du deine erste Fahrradtour und bewältigst das Fahrtraining gekonnt. Lass dich also nicht gleich entmutigen, wenn es mit dem Benehmen nicht auf Anhieb klappt. Übrigens: Auch Erwachsene wissen manchmal nicht, was gute Manieren sind. Sie drängeln sich vor, fluchen laut oder beschimpfen andere. Manche haben Benehmen vielleicht nie gelernt, andere haben es schon wieder vergessen. Ein gutes Vorbild sind sie damit jedenfalls nicht. Sei dann nicht stur nach dem Motto: „Dann brauche ich mich auch nicht gut betragen!" Es ist doch klasse, wenn du ihnen vormachst, wie es besser geht.

Knigge-Quiz

Wenn du das vorangegangene Kapitel aufmerksam gelesen hast, fallen dir die Antworten auf die Fragen sicher leicht. Was weißt du noch?

1. Aus welcher Sprache stammt das Wort Manieren?

☐ a) Aus dem Spanischen
☐ b) Aus dem Französischen
☐ c) Aus dem Italienischen

2. Es gibt noch viele andere Wörter, die dieselbe Bedeutung haben wie das Wort Manieren. Welche sind das?

☐ a) Schliff
☐ b) Gebaren
☐ c) Freundlichkeit

3. Welchen Titel trägt das bedeutendste Buch, das Adolph Freiherr Knigge verfasst hat?

☐ a) Über den Umgang mit Menschen
☐ b) Benehmen in allen Lebenslagen
☐ c) Vom Wesen der Menschen

4. Wann lebte Adolph Freiherr Knigge?

☐ a) Im Mittelalter
☐ b) Im letzten Jahrhundert
☐ c) Vor über 200 Jahren im 18. Jahrhundert

5. Wenn du dich gut benehmen kannst, hat das viele Vorteile. Welcher gehört nicht hierhin?

☐ a) Ich fühle mich selbstsicherer.
☐ b) Ich bekomme viele Geschenke.
☐ c) Andere Menschen fühlen sich in meiner Gesellschaft wohl.

6. Welches ist die gängigste Begrüßung für fremde Menschen?

☐ a) Handkuss
☐ b) Händeschütteln
☐ c) Umarmung

Kennenlernen und Wiedertreffen

Lernen sich Menschen kennen oder treffen sie sich wieder, ist erst einmal eine Begrüßung angesagt. Das ist nicht nur bei uns so, das gibt es auch in allen anderen Kulturen. Bei den Inuit, auch als Eskimos bekannt, reibt man die Nasen aneinander, in Frankreich küsst man sich auf die Wangen, in Japan verbeugt man sich. Bei uns ist es üblich, einander die Hand zu geben.

Doch warum ist das so? Sich die Hand zum Gruß zu reichen, hat in unserem Kulturkreis eine lange Tradition. Schon in der Bibel ist die Rede davon, sich „die rechte Hand der Freundschaft" zu reichen. Auf alten römischen Münzen taucht diese Geste ebenfalls auf. Das Händereichen war dort ein Zeichen für Eintracht und Gemeinschaft.

Und auch die Ritter im Mittelalter gaben einander die Hand. Die ungeschützte, offene Hand war das Symbol für Vertrauen und friedliche Absichten. Die andere blieb bei Begegnungen ebenfalls immer sichtbar, schließlich sollte auch hier keine Waffe versteckt werden. Aus diesem Grund ist es heute immer noch sehr unhöflich, bei der Begrüßung eine Hand verdeckt zu halten und sie zum Beispiel in die Hosentasche zu stecken.

Der Blick in die Augen ist ein Zeichen von Respekt und Achtung. Er zeigt deinem Gesprächspartner, dass er von dir wahrgenommen wird. Schon früher klappten die Ritter bei Turnieren ihr Visier hoch, um sich respektvoll in die Augen schauen zu können. Okay, eine

Kennenlernen und Wiedertreffen

Auf einen Blick
- Begrüßungsrituale können weltweit ganz unterschiedlich sein.
- Bei uns gibt man sich einander die Hand.
- Diese Geste steht für Freundschaft und Frieden.

Ritterrüstung trägt heute niemand mehr, aber jeder sollte zum Beispiel die Sonnenbrille zum Gruß abnehmen. Nur so kann dein Gegenüber deine Augen richtig sehen.

Blickkontakt strahlt Sicherheit und Selbstbewusstsein aus. Wenn du bei der Begrüßung in die Luft oder auf den Boden starrst, wirkst du gelangweilt oder unsicher – ein Eindruck, den du wahrscheinlich nicht erwecken willst. Höfliche Erwachsene beugen sich deshalb auch zu Kindern herunter, um während eines Gesprächs mit ihnen auf einer Augenhöhe zu sein.

Die Hand gibt man übrigens nicht nur zur Begrüßung, sondern auch, wenn man sich verabschiedet. Für den Händedruck selbst ist wichtig:

- Er sollte fest sein, ohne dem anderen die Hand zu zerquetschen.
- Er sollte nicht zu lang dauern; ein bis zwei Sekunden reichen völlig aus.
- Es wird nicht geschüttelt, sondern nur die Hand gereicht.
- Sind deine Hände dreckig oder nass, entschuldigst du dich und lässt den Händedruck ausnahmsweise weg – das gilt auch, wenn du krank bist und den anderen durch die Berührung anstecken könntest.

Hallo und Hi

Wie du andere begrüßt, hängt davon ab, mit wem du es zu tun hast. Doch wie ist es richtig?

Wenn du dich mit deinen Freunden oder anderen Gleichaltrigen triffst, reicht es völlig aus, „Hallo" zu sagen. „Hi", „Hey", „Wie gehts?" oder eine andere spezielle Begrüßungsformel eurer Gruppe erfüllen denselben Zweck. Ihr müsst euch auch nicht die Hand geben, sondern könnt euch so verhalten, wie ihr es für richtig haltet. Eine Umarmung, ein Winken, Nicken und Abklatschen der Hände sind genauso okay.

Kennenlernen und Wiedertreffen

Anders sieht es da schon aus, wenn du der Nachbarin oder dem Lehrer begegnest. Hier wird eine förmlichere Anrede von dir erwartet. Je nach Tageszeit eignen sich dazu: „Guten Morgen", „Guten Tag" oder „Guten Abend". Wenn du dich verabschiedest, sagst du „Auf Wiedersehen" oder – spät am Abend – „Gute Nacht". Noch besser ist es, wenn du nach der Begrüßung oder Verabschiedung den Namen der Person anhängst, mit der du gerade sprichst, also: „Guten Tag, Frau Becker" bei der Nachbarin oder „Guten Morgen, Herr Seifert" bei deinem Lehrer.

In einigen Regionen gibt es ganz eigene Formen des Grußes. So kannst du zum Beispiel mit „Moin, Moin" in Norddeutschland auch noch am Abend höflich grüßen. In Süddeutschland, Österreich und der Schweiz machst du mit „Grüß Gott" einen guten Eindruck. Kennst du weitere Begrüßungsfloskeln?

Fallbeispiel

Nach der Schule trifft Emma einen ihrer Lehrer auf der Straße. Wie sollte sie sich verhalten?

Richtig wäre: ✓

Sie nimmt Blickkontakt zu ihm auf, und wenn der Lehrer sie gesehen hat, bleibt sie stehen und grüßt ihn freundlich mit Namen: „Guten Tag, Herr Seifert!" Vielleicht möchte er ja noch kurz mit ihr reden. So muss er ihr nicht hinterherrufen. Der Lehrer grüßt fröhlich zurück. „Hallo Emma, wie geht es dir? Was macht deine kleine Schwester?" Sie antwortet höflich auf die Fragen. Als der Lehrer sich von ihr verabschiedet, sagt sie „Auf Wiedersehen" und geht weiter ihres Weges. Der Lehrer findet, dass Emma ein gut erzogenes und freundliches Kind ist. Er denkt: „Emmas Eltern können wirklich stolz auf sie sein."

Falsch wäre: ⊗

Sie hofft, dass der Lehrer sie nicht bemerkt. Schließlich hat sie keine Lust, sich auch noch in ihrer Freizeit mit den Lehrern abgeben zu müssen. Sie versucht heimlich vorbeizuschleichen, doch schon wird sie entdeckt. Als Herr Seifert sie anredet „Hallo Emma, was machst du denn hier?", schaut sie verlegen zu Boden und bohrt die Hände in die Hosentaschen. Sie murmelt etwas Unverständliches und geht dann schnell und ohne Gruß weiter. Der Lehrer bleibt verwundert stehen und denkt: „Was ist das doch für ein unfreundliches und unhöfliches Mädchen. Vielleicht sollte ich mal mit den Eltern reden."

Kennenlernen und Wiedertreffen

In jeder Familie gibt es eigene Regeln und Rituale. Die einen nehmen sich zur Begrüßung und zum Abschied in den Arm, andere nicken sich nur zu oder geben sich förmlich die Hand. Je nachdem, welche Regeln bei euch üblich sind, kann die Begrüßung anders ausfallen. Wichtig ist dabei auch, welches Verhältnis du zu den einzelnen Familienmitgliedern hast.

Auf einen Blick
- Die Art der Begrüßung hängt davon ab, wie nahe sich die Personen stehen.
- Ein „Hallo" ist weniger förmlich als ein „Guten Tag".
- Nach der Begrüßungsformel den Namen zu nennen, ist besonders höflich.

Es gibt Verwandte, die du häufiger siehst und zu denen du einen guten Kontakt hast. Vielleicht gibt es auch welche, die du selten triffst und kaum kennst. Manchmal kommt es auch vor, dass man einige nicht besonders gern mag. Zu welcher Sorte gehört deine Tante?

Ist sie deine erklärte Lieblingstante und mag sie dich ebenfalls, ist eine herzliche Umarmung genau richtig. Kennt ihr euch weniger gut oder kannst du sie nicht leiden, gibst du ihr die Hand und schaust sie dabei an. Das reicht völlig aus. Du brauchst niemanden „auf Kommando" zu küssen oder dich küssen zu lassen, wenn du das selbst nicht willst. Manchmal ist es peinlich, mit der Person direkt darüber zu reden. Dann kannst du mit deinen Eltern sprechen und ihnen sagen, dass du nicht gern abgeküsst wirst. Droht trotzdem mal ein ungewollter Knutscher, hilft es, den Kopf leicht zur Seite zu drehen. Dann landet der Kuss in der Luft und nicht im Gesicht.

Duzen und Siezen

Klar, dass ihr euch in der Clique und mit Gleichaltrigen duzt. Und natürlich machst du das auch in deiner Familie. Dabei war das nicht immer so. Früher sagten Kinder zu ihren Eltern, Großeltern und anderen Verwandten Sie. Dies galt als Zeichen des Respekts und wurde erwartet und gefordert. Undenkbar, dass der Sohnemann den Herrn

Kennenlernen und Wiedertreffen

Vater mit Du anredete. Auch unter Jugendlichen war diese förmliche Anrede noch lange Zeit die Regel.

Heute sagt du zu Mama, Papa, Onkel, Tante, Cousine und Opa natürlich Du und niemand wird das als Zeichen fehlenden Respekts deuten. Anders sieht es dagegen aus, wenn du Erwachsenen begegnest, die nicht zur Familie gehören. Hier wird von dir erwartet, dass du Sie sagst. Alles andere wird dein Gegenüber sehr wahrscheinlich als unhöflich und schlecht erzogen wahrnehmen.

Gerade viele ältere Menschen empfinden es als respektlos, wenn sie einfach geduzt werden. Sie sind es von früher noch anders gewohnt und bevorzugen die Distanz, die ein Sie mit sich bringt. Jemanden mit Du anzureden, schafft dagegen ein Gefühl von Nähe und Vertraulichkeit. Mit Freundschaft hat das nicht unbedingt etwas zu tun.

Duzen kannst du alle dir nahestehenden Personen, Gleichaltrige oder auch Erwachsene, die dir das Du ausdrücklich angeboten und erlaubt haben. Das können zum Beispiel die Eltern deiner besten Freundin sein oder gute Freunde deiner Eltern. Auch wenn sich dir jemand nur mit seinem Vornamen vorstellt, ist das die unausgesprochene Erlaubnis zum Duzen. Allerdings muss auch nicht jedes angebotene Du angenommen werden. Eine Ablehnung solltest du aber sehr höflich und freundlich vortragen, damit der andere sich nicht verletzt fühlt. Menschen, die wir mögen, duzen wir übrigens viel lieber als zum Beispiel den griesgrämigen Onkel. Manchmal hätte ein Sie eben auch Vorteile.

Zu Kindern sagt man grundsätzlich Du und die meisten fühlen sich damit auch wohl und wollen es gar nicht anders. Ab einem bestimmten Alter oder einer Klassenstufe reden die Lehrer dich dann plötzlich mit Sie an. Das ist ein Zeichen der Höflichkeit und bedeutet, dass du erwachsen wirst.

Das Sie erwarten alle Erwachsenen, die dir unbekannt sind oder als Respektspersonen auftreten. Das kann der Fleischer sein, die Polizistin, die Frau, die du nach dem Weg fragst, der Lehrer oder die Trainerin im Sportverein. Wobei gerade in Vereinen oft Ausnahmen gelten. Hier kann es sein, dass sich alle duzen. Voraussetzen darfst du das aber natürlich nicht.

Auf einen Blick
- Kinder werden ausnahmslos geduzt.
- Erwachsene, die nicht zur Familie gehören, werden in aller Regel gesiezt.
- Besonders ältere Menschen möchten gern gesiezt werden.

Die richtige Reihenfolge einhalten

Jetzt weißt du bereits, wie du andere Personen anreden solltest. Das ist gut. Die nächste Schwierigkeit besteht darin, die richtige Reihenfolge zu beachten. Denn es gibt feste Regeln dafür, wer wen zuerst grüßen sollte, wer wem

zuerst die Hand reicht oder das Du anbietet und in welcher Reihenfolge man sich vorstellt und bekannt macht. Hört sich kompliziert an? Stimmt. Aber mit ein bisschen Übung schaffst du das leicht.

Begrüßung und Vorstellung
Grundsätzlich grüßt die jüngere Person vor der älteren. Wenn du also deinem Lehrer auf der Straße begegnest, grüßt du zuerst. Genauso ist es, wenn du die Nachbarin im Treppenhaus triffst.
Bei Menschen aus unterschiedlichen Hierarchiestufen, das heißt von unterschiedlichem Rang, grüßt der Rangniedere den Ranghöheren als Erstes. Das heißt, trifft deine Mutter ihren Chef, gehört es sich, dass sie zuerst „Guten Tag" sagt.

Beim Betreten eines Raumes grüßt immer der, der hereinkommt. Das heißt, wenn du in das Klassenzimmer gehst, in dem schon deine Klassenkameraden und der Lehrer sind, bist du derjenige, der „Hallo" zu allen sagt. Kommt ein Einzelner zu einer Gruppe dazu, grüßt er die anderen. Triffst du dich also mit deinen Freunden in der Eisdiele, begrüßt du alle, die schon da

Kennenlernen und Wiedertreffen

sind. Wichtig ist dabei auch, dass du alle auf die gleiche Art begrüßt. Also nicht den Kumpel abklatschen, die Freundin umarmen und die anderen übersehen und gar nicht grüßen.

Trifft man sich zufällig unterwegs, grüßt derjenige, der den anderen zuerst sieht. Bist du mit deinem Kumpel Ole unterwegs und ihr trefft Tante Clara, stellst du ihr zuerst Ole vor und dann ihm deine Tante. Die Regel dazu lautet: Junge Leute werden zuerst den älteren vorgestellt, Männer erst den Frauen und Rangniedere zuerst den Ranghöheren. Eine Einzelperson wird immer zuerst der Gruppe bekannt gemacht. Wichtig: zur Begrüßung immer aufstehen, die Hände aus den Taschen nehmen und dem anderen in die Augen schauen.

Anrede und Händedruck
Das Du bietet immer die ältere Person der jüngeren an. Deinen Nachhilfelehrer redest du also mit Sie an, bis er dir ausdrücklich das Du anbietet.

Der Ranghöhere bietet dem Rangniederen das Du an. Den Lehrer ungefragt zu duzen, kann ganz schön peinlich sein und auch weitere Konsequenzen nach sich ziehen.

Für den Händedruck gelten dieselben Regeln: Die Hand bietet der Ältere dem Jüngeren, der Chef dem Angestellten, die Frau dem Mann und der Gastgeber dem Gast an.

Auf einen Blick
- Auch beim Grüßen ist die Reihenfolge wichtig.
- Kinder grüßen Erwachsene immer zuerst.
- Kinder warten aber immer ab, bis ihnen der Ältere die Hand zum Gruß hinstreckt.

Fallbeispiel

Mia ist mit ihren Freundinnen Hannah und Nele in der Stadt beim Bummeln unterwegs. Im Kaufhaus treffen sie auf Mias Turnlehrerin.

Richtig wäre:

Mia bleibt mit ihren Freundinnen stehen und begrüßt ihre Lehrerin. „Guten Tag, Frau Jansen!" Sie wartet höflich ab, bis diese ihr die Hand reicht. Dann drückt sie diese kurz und fest und schaut ihre Lehrerin dabei an. Anschließend stellt sie ihre beiden Freundinnen vor: „Das sind meine Freundinnen Hannah und Nele. Und das ist meine Turnlehrerin Frau Jansen." Die vier unterhalten sich kurz. Dann verabschiedet sich Frau Jansen von den Kindern und wünscht ihnen noch viel Spaß. Sie freut sich schon darauf, Mia das nächste Mal in der Turnstunde zu sehen.

Falsch wäre:

Mia schreit quer durch den Laden: „Huhu, Frau Jansen!" Sie stürmt auf die Lehrerin zu und hält ihr den ausgestreckten Arm entgegen. Dann dreht sie sich um und ruft ihren Freundinnen zu: „Schaut mal, das ist meine Turnlehrerin." Dabei schüttelt sie Frau Jansens Hand mit ganzer Hingabe. Mia erzählt munter weiter, ohne die beiden Freundinnen vorzustellen. Die stehen etwas betreten daneben. Die Lehrerin verabschiedet sich hastig und findet, dass Mias Auftritt etwas peinlich war: „Sie hat alle in Verlegenheit gebracht. Hoffentlich benimmt sich Mia nicht immer so."

Knigge-Quiz

Wenn du das vorangegangene Kapitel aufmerksam gelesen hast, fallen dir die Antworten auf die Fragen sicher leicht. Was weißt du noch?

1. Wie sollte ein guter Händedruck sein?

- [ ] a) Möglichst schlaff, damit ich der anderen Person nicht wehtue.
- [ ] b) Ich umfasse die andere Hand mit beiden Händen und schüttele sie freudig auf und ab.
- [ ] c) Fest und kurz

2. Unterwegs mit deinem Vater triffst du einen seiner Arbeitskollegen. Dein Vater wird von ihm gesiezt, dich redet er mit Du an. Ist das korrekt?

- [ ] a) Nein, ich kenne den Mann nicht und möchte auch gesiezt werden. Das sage ich auch.
- [ ] b) Nein, denn er hat mich nicht gefragt. Ich rede ihn daraufhin auch mit Du an.
- [ ] c) Ja, ein Erwachsener duzt ein Kind grundsätzlich.

3. Wie begrüßt man sich bei uns auf keinen Fall in der Öffentlichkeit?

- [ ] a) Man reibt die Nasen aneinander.
- [ ] b) Man gibt sich die Hand und schaut dem anderen in die Augen.
- [ ] c) Man klopft einander auf die Schultern.

4. Du triffst den Nachbarn im Treppenhaus. Wie begrüßt du ihn?

- [ ] a) Ich wünsche ihm freundlich „Guten Tag, Herr Goll" und gehe erst dann weiter.
- [ ] b) Ich strecke ihm schnell die Hand entgegen und sage „Hallo".
- [ ] c) Ich gehe grußlos vorbei. Schließlich grüßt er mich auch nie.

Der Ton macht die Musik

Gute Umgangsformen erkennt man auch daran, wie miteinander geredet wird. Wenn zwei Erwachsene an der Supermarktkasse lautstark streiten, weil der eine nicht schnell genug ist und der andere drängelt, ist das für alle Umstehenden sehr unangenehm. Niemand hört gern Streitenden zu, keiner mag es, wenn ständig gebrüllt, geschrien oder geflucht wird. Sicher gibt es immer mal wieder Situationen, in denen du dich ärgerst, sauer bist oder dich ungerecht behandelt fühlst. Klar kann es dann befreiend sein, dem Ärger einmal richtig Luft zu machen. In Gegenwart anderer sollte das aber die absolute Ausnahme bleiben oder besser gar nicht vorkommen.

Für alle Menschen ist ein höflicher Umgangston die Voraussetzung dafür, miteinander zu reden. Oder hast du Lust, ein Gespräch mit jemandem zu führen, der dich anschreit? Wahrscheinlich nicht. Und das finden die meisten anderen Menschen auch. Deshalb heißt es in kniffligen Situationen: Ruhe bewahren und höflich bleiben. Wer laut wird, hat noch lange nicht recht.

Bitte und Danke – das Einmaleins der Höflichkeit

Die beiden Wörter, die unter anderem das gute Zusammenleben von Menschen erleichtern, sind „Bitte" und „Danke". Wenn du etwas haben möchtest, bittest du darum. Wenn du etwas bekommst oder dir jemand einen Gefallen getan hat, bedankst du dich. Eigentlich ganz einfach. Vergessen wird es trotzdem oft. Und dabei fangen wir meistens schon ganz früh damit an, diese beiden Wörter zu lernen. Zu Hause, im Kindergarten oder bei Verwandten und Bekannten, ständig werden wir daran erinnert, die beiden „Zauberworte" zu benutzen. Und das aus gutem Grund.

Der Ton macht die Musik

Personen, die sich nicht bedanken und auch nicht um etwas bitten können, wirken sehr egoistisch und selbstsüchtig. Sie gelten als unhöflich und unerzogen, rüpelhaft und unverschämt. Ihnen einen Gefallen zu tun, macht keinen Spaß. Wen lässt du lieber mit deinem neuen ferngesteuerten Hubschrauber spielen? Leon, der dich nett darum bittet, oder Gabi, die einfach nur sagt: „Gib mal her das Ding!" und es dir aus der Hand reißt?

Leon darf den Helikopter wahrscheinlich eher steuern, denn den meisten Menschen macht es wenig Freude, wenn sie herumkommandiert werden. Und sie freuen sich darüber, wenn sie einen Dank dafür erhalten, dass sie dem anderen etwas Gutes getan haben.

„Bitte" und „Danke" sind aber nicht nur bei Geschenken und großen Gefälligkeiten richtig am Platz. Auch im Alltag leisten sie gute Dienste und erleichtern das Zusammenleben sehr. Du kannst täglich um ganz unterschiedliche Dinge bitten:
- Am Frühstückstisch um die Milch
- Deine Schwester um die passende Haarspange zu dem neuen Kleid
- Den Lehrer, damit er die Aufgabe noch einmal erklärt
- Den Mann im Laden, damit er dir den Karton von ganz oben reicht
- Deinen Freund, dass er mit zum Schwimmen kommt
- Deine Mutter um die abendliche Vorlesegeschichte
- Deinen Opa, dass du ihn mal wieder besuchen darfst

Gelegenheiten gibt es ganz viele. Welche fallen dir noch ein?

Fallbeispiel

Max' Großonkel kommt zu dessen Geburtstag zu Besuch. Er schenkt ihm einen dicken Wollpullover.

Richtig wäre: ✓

Max bedankt sich bei seinem Großonkel für das Geschenk. „Danke schön, Onkel Klaus. Den Pullover ziehe ich bestimmt zum Skifahren an." Lieber hätte er zwar das neue Computerspiel bekommen, aber das konnte der Onkel ja nicht wissen. Schließlich sehen sie sich nicht so häufig. Der Großonkel nimmt das „Danke" freundlich zur Kenntnis, merkt aber, dass sein Geschenk nicht der große Knüller ist. Umso mehr freut es ihn, dass sich Max trotzdem bedankt hat. Er nimmt sich vor, das nächste Mal nachzufragen, was sich der Junge wünscht.

Falsch wäre: ✗

Max nimmt das Geschenk und packt es hastig aus. Sich dafür zu bedanken, hat er völlig vergessen. Als er dann den Pullover in den Händen hält, steht ihm die Enttäuschung ins Gesicht geschrieben. „Was soll ich denn damit?", murmelt Max und lässt den Onkel stehen. Die Mutter entschuldigt sich für Max. Peinlich bleibt die Situation trotzdem und der Onkel ärgert sich. „So ein frecher Bengel. Ich könnte das Geschenk ja auch umtauschen, aber eigentlich habe ich dazu schon gar keine Lust mehr. Ob ich das nächste Jahr überhaupt ein Geschenk mitbringe, muss ich mir noch überlegen."

Der Ton macht die Musik

Und mit dem Dankesagen ist es genauso. Jeden Tag gibt es unzählige Möglichkeiten für ein Danke, so wie diese:

- Der Busfahrer wartet extra auf dich.
- Die Tür vom Laden wird für dich aufgehalten.
- Ein Fremder setzt sich beim Bäcker für dich ein, als sich ein anderer vordrängeln will.
- Ein Klassenkamerad gibt dir von seinen Süßigkeiten ab.
- Deine Oma geht mit dir in den Zoo.
- Deine Mutter hat schnell noch deine Lieblingshose gewaschen.
- Dein Bruder räumt den Tisch ab, obwohl du dran bist.

Hast du dich heute schon einmal bedankt? Wofür?

Auf einen Blick

- Es kommt nicht nur darauf an, was man sagt, sondern auch, wie man etwas sagt.
- Die kleinen Wörter „Bitte" und „Danke" öffnen dir so manche Tür.
- Um etwas zu bitten oder sich zu bedanken sollte ganz alltäglich und normal sein.

Jugendsprache

Viele Kinder und Jugendliche entwickeln ihre eigene Sprache und haben spezielle Begriffe. Das war schon immer so und gehört ganz einfach zur eigenen Entwicklung dazu. Frag mal deine Großeltern, welche Wörter sie früher benutzt haben, wenn sie etwas besonders toll oder schön fanden. Sicher fallen ihnen noch ein paar Ausdrücke ein, die du heute schon gar nicht mehr kennst oder nicht benutzen würdest.

Spezielle Begriffe zu verwenden, die andere nicht kennen, schweißt zusammen und verbindet. Wer nicht eingeweiht ist, bleibt außen vor und kann nur erahnen, worüber gerade gesprochen wird. Sich mit den Freunden zu unterhalten und von Erwachsenen nicht verstanden zu werden, ist lustig. Zumindest solange man nicht verstanden werden will. Ist dir jedoch wichtig, dass der andere weiß, wovon du redest, benötigst du Wörter, die alle kennen. Dem aufgeregten Nachbarn zu sagen, er solle doch besser mal ein bisschen abchillen, statt dich zuzutexten, ist vermutlich nicht sehr verständlich. Ihm zu empfehlen, sich erst einmal

27

zu beruhigen, bevor er mit dir redet, versteht er wahrscheinlich eher und heizt die Situation nicht unnötig auf.

Es kommt also immer darauf an, mit wem du sprichst und was du erreichen willst. Wenn du dich mit den Freunden zum Betonknutschen verabredest, wissen sie, dass ihr euch später auf der Skaterbahn trefft. Klingelst du bei Marie und sagst den Eltern, dass ihr gemeinsam zum Betonknutschen gehen wollt, schauen sie dich vermutlich nur verständnislos an. Dann musst du sowieso erklären, was gemeint ist.

Eigene Wörter zu haben ist schön. Sie müssen aber nicht bei jeder Gelegenheit benutzt werden. Feierst du mit deinen Freunden eine Party, könnt ihr reden, wie ihr es für richtig haltet. Auf Omas 80. Geburtstag ist es dagegen sehr unhöflich, absichtlich Wörter zu benutzen, die nicht verstanden werden. Du wirkst dadurch nicht cool, sondern eher wie ein Angeber.

Wichtig ist auch, dass mit den Wörtern und Bezeichnungen niemand verletzt wird. Begriffe, die ihr ganz selbstverständlich untereinander benutzt, können andere als Beleidigung oder Respektlosigkeit empfinden. Am Mittagstisch „Ey Alte, schubs mal die Kartoffeln rüber" zu rufen, erfreut bestimmt nicht jede Mutter. Höflichkeit bedeutet auch, auf solche Dinge Rücksicht zu nehmen.

Auf einen Blick
- Schon die Großeltern hatten ihre eigene Jugendsprache.
- Eine gemeinsame Sprache verbindet.
- Andere mit bestimmten Wörtern zu kränken, ist unhöflich.

Schimpfen und Fluchen

Jedem platzt einmal der Kragen. Dann kann es wunderbar befreiend sein, zu schimpfen und zu fluchen. Schließlich macht das jeder: Papa, wenn er Auto fährt, Jens, wenn er in einen Hundehaufen getreten ist, Anna, wenn das Band

Der Ton macht die Musik

der Kette gerissen und alle Perlen davongekullert sind. Ist doch ganz normal, oder?

Schimpfwörter gibt es viele und ständig kommen neue hinzu. Mit ihnen kannst du Dampf ablassen, wenn du dich geärgert hast. Die Eltern kannst du provozieren, wenn du fluchst. Und Oma Gerda ist schockiert und entsetzt, wenn du solche Wörter in den Mund nimmst.

Schimpfwörter sind zwar für den Augenblick gut, oft verletzen sie aber das Empfinden derjenigen, die sich die Flüche anhören müssen. Schließlich willst du auch nicht gern als Blödmann bezeichnet werden, oder? Deinen Mitmenschen geht es da nicht anders. Wenn sich jemand durch dein Schimpfen gekränkt oder beleidigt fühlt, wird die Situation oft nur schlimmer. Denn jetzt ärgern sich schon mindestens zwei. Außerdem kann man seinem Ärger auch auf humorvolle oder zumindest anständige Weise Luft machen.

Es kann auch passieren, dass du in der Schule oder auf der Straße Wörter aufschnappst, deren Bedeutung du gar nicht kennst. Bevor du, wie die anderen, das Wort zum Fluchen verwendest, solltest du erst wissen, was es heißt. Sonst kann es ganz schnell Ärger geben. Frage ruhig deine Eltern danach oder einen anderen Erwachsenen, dem du vertraust. Sie erklären es dir sicher gern und sagen dir, ob du es benutzen darfst oder lieber nicht.

Welche Schimpfwörter benutzt du, wenn du sauer bist? Und was könntest du stattdessen sagen, um dich abzureagieren? Vielleicht erfindest du ein neues Wort, das du in solchen Situationen problemlos einsetzen kannst. „Verflixt und zugenäht!", hört sich doch netter an als die Ausdrücke, die du bestimmt schon oft gehört hast.

Übrigens: Es ist nicht nur unhöflich, wenn Kinder schimpfen, für Erwachsene gilt das – wie bei fast allen Benimmregeln – ebenso. Wer flucht und sich nicht beherrschen kann, ist weder im Supermarkt noch im Büro gern gesehen. Oder kannst du dir vorstellen, dass es der Chef deiner Mutter gut findet, wenn sie laut mit Schimpfwörtern um sich wirft? Ein leises „Ups" ist für alle angenehmer.

Auf einen Blick

- Mit Schimpfwörtern kannst du provozieren.
- Leicht kannst du andere damit verletzen.
- Benutze nur Wörter, deren Bedeutung du auch kennst, oder erfinde deine eigenen, weniger schlimmen Flüche.

Es gibt Ärger

Überall, wo Menschen aufeinandertreffen, gibt es auch einmal Streit. Das ist selbst in Familien und unter besten Freunden so. Eine Auseinandersetzung oder Meinungsverschiedenheit an sich ist gar nicht schlimm. Wichtig ist nur, was du aus der Situation machst und wie du damit umgehst. Deine Mutter hat andere Ansichten als du, welche Kleidung für den Restaurantbesuch passender ist. Deine kleine Schwester will am liebsten immer mit deinen Spielsachen spielen, weil sie sich dann auch groß vorkommt. Und dein Schulfreund geht jetzt doch mit seinem Cousin zum Schwimmen, obwohl ihr euch eigentlich verabredet hattet. Jede dieser Begebenheiten kann schnell der Auslöser für eine Auseinandersetzung oder einen Streit sein. Es muss aber nicht dazu kommen.

Immer dann, wenn es unterschiedliche Meinungen und Ansichten zu einem Thema gibt und beide Seiten auf ihrem Standpunkt beharren, wird es schwierig. Du denkst nicht dran, etwas anderes als deine heiß geliebte alte Jeans in das Restaurant anzuziehen. Deine Mutter weigert sich, dich so mitzunehmen. Und nun? Wollt ihr deswegen etwa zu Hause bleiben? Vermutlich nicht. Also kann es sein, dass ihr nun laut werdet. Oft setzt sich dann der Stärkere durch, der Verlierer schmollt und der Abend ist mit seiner angespannten Stimmung für niemanden mehr schön. Es geht aber auch anders.

Der Ton macht die Musik

Wie wäre es mit einem Kompromiss? Das bedeutet, dass ihr euch mit euren Meinungen einander annähert und eine Lösung in der Mitte findet. Du verzichtest zum Beispiel auf deine über alles geliebte Jeans, darfst dafür aber ein Oberteil deiner Mutter anziehen, das sie dir sonst nie leihen will. Oder du darfst deine Jeans tragen, aber nur mit einem ordentlichen Hemd, das du eigentlich nicht so magst.

Die anderen Fälle könntest du so lösen: Die kleine Schwester darf eine Weile mit deinem Spielzeug spielen, dafür lässt sie dich dann in Ruhe, wenn dein Freund zu Besuch ist. Deinen Schulfreund kannst du fragen, ob du mit zum Schwimmen kommen kannst. Oder ihr trefft euch hinterher noch.

Noch etwas ist wichtig, um Ärger zu vermeiden. Wenn du einen Fehler gemacht hast, solltest du dich dafür entschuldigen. Du möchtest doch bestimmt auch, dass dein Schulfreund dich um Verzeihung bittet, wenn er dir unrecht getan hat. Machst du zum Beispiel etwas kaputt, das deinem Freund gehört, entschuldigst du dich bei ihm und reparierst oder ersetzt den Gegenstand. Wenn du dir eine einfache Formel merkst, bist du vom Streithahn schon weit entfernt. Die Formel heißt: Gib ruhig einmal nach, wenn du mit jemandem einfach nicht einer Meinung bist, und gib es zu, wenn du etwas falsch gemacht hast.

Fallbeispiel

Tom hat auf dem Pausenhof aus Versehen Leon umgerannt.

Richtig wäre:

Tom geht zu Leon und hilft ihm auf. Beide schauen gemeinsam, ob Leon irgendwo blutet und noch alle Knochen heil sind. Tom entschuldigt sich bei ihm: „Mensch, das tut mir echt leid. Ich war so in Eile und habe dich überhaupt nicht gesehen. Das nächste Mal passe ich besser auf." Leon ärgert sich nur noch ein bisschen über Tom. Das Knie tut zwar weh, aber als Memme will er auch nicht dastehen. So beißt er die Zähne zusammen und denkt: „Er hat sich ja bei mir entschuldigt. Und passieren kann das schließlich jedem einmal. Das hat er ja nicht mit Absicht gemacht."

Falsch wäre:

Tom rennt einfach weiter, ohne sich umzudrehen. Leon ruft ihm wütend hinterher: „Hey, kannst du nicht aufpassen, du Blödmann?" Tom bleibt stehen und kommt dann langsam zurück. Er schaut auf Leon herunter und blafft ihn an: „Mann, du hast vielleicht Nerven. Erst doof im Weg herumstehen und dann auch noch meckern." Jetzt platzt Leon wirklich der Kragen. Er schubst Tom so, dass dieser auch hinfällt. Bevor beide weiter aufeinander losgehen können, schnappt sich ein Lehrer die Streithähne. Sie müssen sich beieinander entschuldigen und eine Strafarbeit gibt es auch noch.

Der Ton macht die Musik

Auch wenn du dich ungerecht behandelt oder übergangen und genervt fühlst, bleibst du am besten ruhig. Denn wenn du schreist und tobst, wird die Situation nur noch schlimmer. Das führt meistens zu noch mehr Aggression und Gegenwehr. Überlege stattdessen, wie eine Lösung aussehen könnte, mit der alle zufrieden sind. Das ist nicht immer einfach und auch viele Erwachsene tun sich damit sehr schwer.

Manchmal klappt es nicht, die Ruhe zu bewahren. Dann ist der Streit in vollem Gange und die Beschimpfungen fliegen nur so hin und her. Was dann? Am besten ist es, erst einmal auseinanderzugehen. Versuche, einen klaren Kopf zu bekommen. Sage zu deinem Gegenüber: „Bitte lass uns nachher in Ruhe darüber sprechen. Ich möchte jetzt kurz allein sein." Vielleicht reagierst du dich bei einem Spaziergang ab oder du boxt mit voller Wucht in dein Kopfkissen. Wenn du dich beruhigt hast, entschuldigst du dich bei deinem Streitpartner. Denn ganz egal, wer recht hatte oder angefangen hat – Schimpfen und Toben machen die Situation nicht besser, sondern verschlimmern sie meist

nur erheblich. Gebt einander die Hand und vertragt euch wieder. Das ist sportlich und fair.

Auf einen Blick
- Nicht aus jeder Meinungsverschiedenheit muss ein Streit werden.
- Kompromisse können eine gute Lösung sein.
- Ruhe bewahren hilft immer.

Knigge-Quiz

Wenn du das vorangegangene Kapitel aufmerksam gelesen hast, fallen dir die Antworten auf die Fragen sicher leicht. Was weißt du noch?

1. Wie heißen die beiden „Zauberwörter"?

☐ a) Alles meins
☐ b) Bitte und Danke
☐ c) Ich will

2. Wann ist ein „Danke" angebracht?

☐ a) Nur wenn ich etwas geschenkt bekommen habe, das ich toll finde.
☐ b) Wenn ich Lust dazu habe.
☐ c) Jedes Mal, wenn mir jemand einen Gefallen tut oder höflich zu mir ist.

3. Wen kannst du, ohne unhöflich zu sein, mit „Ey Kumpel, was läuft" anreden?

☐ a) Meine Freunde
☐ b) Meinen Lehrer
☐ c) Meine Oma

4. Wann solltest du auf keinen Fall Schimpfwörter benutzen?

☐ a) Wenn ich allein bin.
☐ b) Wenn ich mit meinen Freunden zusammen bin.
☐ c) Wenn ich nicht weiß, was die Wörter bedeuten.

5. Du hast Streit mit deinem Bruder wegen eines Spielzeugs. Was tust du?

☐ a) Ich renne zu den Eltern und beschwere mich.
☐ b) Wir suchen gemeinsam nach einer Lösung.
☐ c) Ich nehme es ihm weg, denn ich bin stärker.

6. Ein Geschenk gefällt dir nicht. Was tust du?

☐ a) Du bedankst dich trotzdem.
☐ b) Du äußerst deine Meinung.
☐ c) Du nimmst das Geschenk nicht an.

Schmeckts denn?

Gemeinsam zu essen ist ein schönes Familienritual. Wenn alle um einen Tisch sitzen, lassen sich prima die Aufgaben und Ereignisse des Tages besprechen. Pläne für den nächsten Ausflug oder Urlaub können geschmiedet werden. Wer wen abholt oder zum Turnen fährt und andere organisatorische Dinge lassen sich so ganz nebenbei klären. Du kannst erzählen, wie es in der Schule war und was du mit Freunden unternommen hast. Nach dem Essen sind alle gut informiert. Vorausgesetzt natürlich, die gemeinsame Mahlzeit verläuft harmonisch.

Wenn schon zu Beginn der erste Streit darüber ausbricht, wer mit dem Tischdecken an der Reihe ist, wer auf welchem Platz sitzt oder wer bestimmte Sachen nicht essen will, kann von Harmonie natürlich nicht mehr die Rede sein. Dann gerät der Mittagstisch zum täglichen Nervenkrieg für alle Beteiligten und jeder ist froh, wenn das gemeinsame Essen vorüber ist.

Leider gibt es nicht in jeder Familie gemeinsame Mahlzeiten. Entweder, weil nie alle zur selben Zeit da sind, die Eltern noch arbeiten müssen oder ganz

Schmeckts denn?

einfach, weil niemand Wert darauf legt. Dann holt oder bereitet sich jeder selbst etwas zu und isst allein mit dem Fernseher, der Zeitung oder einem Buch als Gesellschaft. Wie sieht das bei dir aus? Esst ihr zusammen und gibt es feste Regeln? Worauf achten deine Eltern besonders?

Den meisten Menschen ist es wichtig, dass ein gemeinsames Essen manierlich verläuft. Das bedeutet in der Regel, dass die Nahrungsmittel auf dem Teller bleiben und nicht über den ganzen Tisch verteilt werden. Es wird nicht damit gespielt und laute Kau-, Schmatz- und Schlürfgeräusche sind ebenfalls unerwünscht. Besteck wird in die Hand genommen und auch benutzt. Das findest du bestimmt ganz selbstverständlich. In anderen Ländern, zum Beispiel in Indien, ist es dagegen durchaus üblich, mit den Händen zu essen, und in Japan darf die Suppe sogar laut geschlürft werden.

Weil es bei Tisch aber auch immer darum geht, sich zu unterhalten und nicht nur satt zu werden, gibt es weitere Vereinbarungen und Regeln. Welche davon kennst du?

Auf einen Blick
- Vieles kann während des Essens besprochen werden.
- Eine Mahlzeit sollte harmonisch verlaufen.
- Gemeinsam zu essen macht mehr Spaß.

Knigge bei Tisch

Beste Voraussetzungen, um appetitlich essen zu können, sind die richtige Sitzhöhe und -position am Tisch. Für kleine Kinder gibt es „mitwachsende" Stühle, damit sie ihren Teller gut erreichen. Für größere Kinder ist die Höhe des normalen Küchenstuhls vielleicht schon ganz richtig. Ein Kissen unter dem Po hilft, wenn du doch noch ein bisschen zu klein bist. Der Stuhl sollte so stehen, dass ungefähr eine Handbreit zwischen dich und den Tisch passt. Sitzt du weiter weg, erhöht sich deutlich die Kleckergefahr und du kommst eventuell schlecht an die Speisen heran. Zu nah ist es unbequem für den Bauch. Wichtig ist auch, dass du gerade sitzt.

Schmeckts denn?

Die Hände legst du am besten auf den Tisch und nicht darunter oder womöglich in die Hosentasche. Richtig ist es, wenn die Hände ungefähr bis zum Handgelenk auf der Tischplatte aufliegen. Vermeiden solltest du es dagegen, die ganzen Unterarme auf den Tisch zu legen oder die Ellenbogen aufzustützen. In diesem Fall könntest du nämlich nicht mehr aufrecht am Tisch sitzen. Stattdessen hockst du schief vor deinem Teller und siehst im schlimmsten Fall teilnahmslos und gleichgültig aus. Dem gegenüber, der das Essen zubereitet hat, zeugt deine Haltung so leider von wenig Respekt. Vor dem Essen die Hände zu waschen, ist natürlich selbstverständlich.

Gegessen wird mit Messer und Gabel beziehungsweise einem Löffel. Dabei nimmst du das Messer immer in die rechte Hand, die Gabel in die linke. Bist du Linkshänder, kannst du auch tauschen. Einen Löffel nimmst du in die rechte Hand. Halte das Besteck übrigens immer im oberen Drittel fest, denn wenn du es zu weit unten anfasst, kann es ganz schnell passieren, dass deine Hände aus Versehen im Essen landen.

Isst du mit Messer und Gabel, wird das Besteck während des Essens übrigens nicht getauscht. Schneidest du zum Beispiel ein Stück Fleisch, hältst du es mit der Gabel in der linken Hand fest. Richtig ist, die Gabel dann auch mit der linken Hand zum Mund zu führen. Falsch wäre, das Messer nach dem Schneiden abzulegen, dann die Gabel in die rechte Hand zu nehmen und weiterzuessen.

Doch egal ob mit Gabel oder Löffel – gegessen wird immer so, dass das Essen zum Mund geführt wird. Du selbst bleibst dabei aufrecht sitzen. Keinesfalls solltest du dich tief über den Teller beugen. Das Messer wird nicht abgeleckt und Gabel oder Löffel führst du immer mit der Spitze voran zum Mund. Hast du aufgegessen, kannst du das Besteck parallel auf dem Teller ablegen. Damit signalisierst du, dass du satt bist.

Lautes Schmatzen, Schlürfen oder Rülpsen hat bei Tisch nichts zu suchen. Damit bringst du nur deine Eltern und die Oma auf die Palme. Heutzutage gelten alle lauten Geräusche, die mit der Verdauung und der Essensaufnahme zu tun haben, als äußerst unhöflich. Stell dir doch nur einmal vor, alle am Tisch würden schmatzen und laut schlürfen. Dann wäre ja gar keine Unterhaltung mehr möglich. Für die anderen am Tisch ist es auch selten ein schöner Anblick, wenn ihnen gegenüber jemand mit offenem Mund kaut. Wenn alle appetitlich essen, schmeckt es meistens auch gleich besser.

In den meisten Familien gibt es weitere Regeln. Kommen dir einige bekannt vor?
- Man beginnt erst mit dem Essen, wenn alle am Tisch sitzen.
- Jeder nimmt sich nur so viel, wie er auch essen kann.
- Was man sich selbst auf den Teller legt, sollte auch aufgegessen werden.

- Mit vollem Mund wird nicht gesprochen.
- Der Mund oder die Hände werden an der Serviette abgewischt und nicht am Pullover.
- Erst wenn alle mit dem Essen fertig sind, darf aufgestanden werden.

Tischdecken
Die meisten Menschen finden es übrigens viel angenehmer, an einem schön gedeckten Tisch zu sitzen. Dazu braucht es nicht viel und es ist ganz egal, ob ihr in der Küche oder im Esszimmer esst. Es spielt auch keine Rolle, ob die Servietten aus Stoff oder aus Papier sind, ob es eine Tischdecke gibt oder Sets. Ein bisschen Mühe reicht in der Regel schon.

Weißt du, wie der Tisch richtig gedeckt wird? Die Serviette liegt immer links neben dem Teller. Gibt es vorweg eine Suppe, stellst du den Suppenteller oder die -tasse auf den Teller für das Hauptgericht. Für das Besteck gibt es mehrere Möglichkeiten. Entweder legst du das Messer rechts und die Gabel links neben den Teller oder beide kommen zusammen parallel nebeneinander auf die rechte Seite. Den Suppenlöffel kannst du auch entweder rechts außen hinlegen oder quer oberhalb des Tellers. Der kleine Löffel für den Nachtisch kommt ebenfalls oberhalb des Tellers auf den Tisch. Gläser stehen vom Teller aus gesehen oben auf der rechten Seite. Fertig.

Besonders schön wird der Tisch, wenn Kerzen oder Blumen darauf stehen. Lustig sind auch unterschiedliche Serviettenringe.

Auf einen Blick
- Zum Essen benutzt man das Besteck.
- Das Essen wird zum Mund geführt und nicht umgekehrt.
- Auf einem korrekt gedeckten Tisch hat alles seinen Platz.

Im Restaurant

Gehst du mit deinen Eltern in ein Restaurant, ist es noch wichtiger, sich gut zu benehmen. Denn in der Regel sind dort noch eine Menge anderer Leute, die sich durch schlechte Manieren ge-

stört fühlen könnten. Es kann auch sehr peinlich für deine Eltern und dich sein, wenn euch alle angucken, weil du nicht weißt, wie du dich benehmen sollst. Dabei ist das gar nicht so schwer. Das Meiste ist nämlich nicht viel anders als zu Hause.

Geschirr, Besteck und Serviette
In guten Restaurants und bei feinen Feiern gibt es meistens eine ganze Anzahl von Tellern und Gläsern, die bereits auf dem Tisch stehen. Einiges kennst du von daheim, anderes lernst du jetzt kennen.

Übereinander platziert werden der Platzteller, der Teller für das Hauptgericht, der Vorspeisenteller oder der Suppenteller. Ganz unten liegt der Platzteller. Er dient nur der Dekoration und auf ihm wird kein Essen serviert. Der Teller für die Vorspeise ist kleiner als der für das Hauptgericht. Meistens wird er für Salat benötigt. Wenn es Suppe als Vorspeise gibt, bekommst du entweder einen tiefen Teller oder eine Suppentasse. Wenn die Tasse zwei Henkel hat, darfst du übrigens daraus trinken, während aus dem tiefen Teller nur gelöffelt werden darf.

Schmeckts denn?

Der Brotteller steht immer links von deinem Gedeck. Er ist ungefähr so groß wie ein Unterteller und oft erkennst du ihn daran, dass ein kleines Brotmesser dabeiliegt. Wird später noch ein Dessert gereicht, gibt es den Teller oder das Schälchen dazu erst, wenn alle anderen Teller abgeräumt sind.

Zu jedem Gang und zu jedem Teller gehört ein passendes Besteck. Es wird links beziehungsweise rechts neben dem Teller gedeckt. Messer rechts, Gabel links. Ein Suppenlöffel liegt in diesem Fall rechts neben den Messern. Beim Essen benutzt du das benötigte Besteck der Reihenfolge nach von außen nach innen, also zuerst den Suppenlöffel, der ganz rechts liegt, dann Messer und Gabel für das Fleisch, danach vielleicht noch das Fischbesteck, das am dichtesten beim Teller gelegen hat. Wenn du trotzdem unsicher bist, was an der Reihe ist, schaust du einfach bei den Erwachsenen ab oder fragst deine Eltern.

Neben Messer und Gabel gibt es noch weitere Besteckteile, die für ein mehrgängiges Menü benutzt werden können. Das Brotmesser hat ungefähr die Größe eines Spielzeugmessers und liegt in der Regel direkt auf dem Brotteller. Das Vorspeisenmesser ist etwas kleiner als das normale Messer und findet sich meist ganz rechts außen beziehungsweise gleich neben dem Suppenlöffel. Das Fischmesser erkennst du leicht an der stumpfen Schneide. Das Besteck für den Nachtisch findest du wie gewohnt oberhalb deines Tellers. Wenn es zusätzlich zum

40

Schmeckts denn?

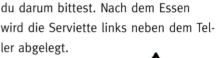

Löffel noch eine Dessertgabel gibt, zeigt der Griff nach links, beim Löffel dagegen nach rechts.

Meistens stehen in vornehmen Restaurants auch eine Menge Gläser auf dem Tisch. Doch welches ist wofür? Das Wasserglas steht entweder links von dir oberhalb des Tellers. Oder du findest es ganz außen rechts neben den anderen Gläsern. Für alle weiteren Gläser gilt die Regel: Das Glas, das zuerst benutzt wird, steht dem Gast am nächsten. Und zwar rechts oberhalb des Tellers. Alle anderen Gläser reihen sich dann nach rechts ein. Übrigens: Alle Sekt- und Weingläser werden am Stiel gehalten, damit das Getränk nicht warm wird. Das Glas für deine Limonade fasst du im unteren Drittel an.

Die Serviette ist meistens schön gefaltet und steht auf dem Gedeck, manchmal auch daneben. Wird der erste Gang serviert, faltest du sie auseinander und legst sie auf den Schoß. Zwischendurch kannst du dir mit einer Ecke davon den Mund abtupfen oder auch die Hände daran abwischen. Sie ist auf keinen Fall dazu gedacht, sich die Nase damit zu putzen oder um Flecke auf der Tischdecke wegzuwischen. Fällt sie dir zu Boden, bringt dir der Kellner gern eine neue, wenn du darum bittest. Nach dem Essen wird die Serviette links neben dem Teller abgelegt.

Auf einen Blick
- Zu jedem Gang gibt es das passende Besteck.
- Besteck wird von außen nach innen benutzt.
- Gläser werden von links nach rechts benutzt.

Vom Anstoßen bis zum Bezahlen
Geht ihr in großer Runde essen, hat derjenige, der zum Essen einlädt, meistens einen Tisch reserviert. Der Gastgeber betritt dann vor allen anderen das Lokal und lässt sich vom Ober den bestellten Tisch zuweisen. Höflich ist es dann, abzuwarten, ob es eine bestimmte Sitzordnung geben soll. Gleich auf den besten Platz zuzustürmen, wirkt schnell rüpelhaft und egoistisch.

Schmeckts denn?

Auch wenn schon etwas Brot oder Salat auf dem Tisch steht und du sehr hungrig bist, solltest du warten. Erst wenn die Tafel offiziell eröffnet wurde, kannst du zugreifen. Aber bitte immer in Maßen. Das Brot ist nämlich für alle am Tisch Sitzenden gedacht. Das Gleiche gilt für die Getränke. Bei offiziellen Anlässen wird gern angestoßen. Dazu erhebt der Gastgeber sein Glas und alle anderen tun es ihm nach. Es wird ein Toast ausgebracht, das heißt, es wird eine kleine Ansprache gehalten und alle prosten sich zu. Das ist dann das Zeichen, dass jetzt getrunken werden darf.

Wenn das Essen vorab bestellt wurde und du dir nicht selbst etwas aussuchen konntest, kommt es ab und zu einmal vor, dass dir etwas nicht schmeckt. Um das festzustellen, solltest du auf jeden Fall kosten. Sachen abzulehnen, die du nicht probiert hast, ist nicht gerade nett gegenüber dem Koch, der sich bestimmt große Mühe gegeben hat. Außerdem zeugt es davon, dass du an Neuem nicht interessiert bist. Das gilt übrigens zu Hause auch. Schmeckt es dir wirklich nicht, ist das kein Drama. Was du nicht magst, lässt du stillschweigend übrig.

Achte aber darauf, dass dein Teller nach dem Aussortieren nicht völlig verwüstet aussieht. Schließlich willst du anderen, noch essenden Gästen nicht den Appetit verderben.

Gibt es ein Buffet und du kannst dir selbst holen, was du essen möchtest, ist es ganz einfach. Du nimmst, was du kennst und was dir schmeckt. Wichtig ist dabei, dass der Teller nicht zu voll gestapelt ist. Viel zu schnell kann der Berg ins Rutschen geraten. Wie peinlich! Gehe lieber öfter, um dir einen kleinen Nachschub zu holen, und iss langsam. Die benutzten Teller werden vom Personal abgeräumt. Für die

Schmeckts denn?

nächste Portion nimmst du dir dann am Buffet einfach einen sauberen. Wenn du fertig bist oder eine kurze Pause machen willst, legst du dein Besteck auf dem Teller ab. Gekreuztes Besteck bedeutet, du willst später noch etwas essen, paralleles Besteck heißt, du hast die Mahlzeit beendet. So weiß der Ober immer, ob er die Teller schon abräumen kann. Einmal benutztes Besteck wird auf keinen Fall auf dem Tischtuch abgelegt.

Manchmal kann so ein Restaurantbesuch ganz schön lange dauern und sehr langweilig sein. Gerade wenn außer dir nur Erwachsene am Tisch sitzen, ist es selten spannend. Herumzutoben und andere Gäste zu stören, ist natürlich nicht sehr nett. Meckern und jammern, bis alle genervt sind, auch nicht. Manche Lokale haben für diesen Fall eine Spielecke für Kinder. Wenn du Glück hast, findest du dort etwas Interessantes zum Beschäftigen. Klug ist auf jeden Fall, mit den Eltern vorher zu besprechen, ob du selbst etwas zum Spielen mitnehmen kannst. Für den Notfall sozusagen. Es muss ja nicht unbedingt das laute Computerspiel sein. Ein Buch oder ein paar Stifte können dir auch prima die Zeit vertreiben, ohne dass andere sich gestört fühlen.

Neigt sich der Restaurantbesuch dem Ende zu, stellt sich meist nur noch eine Frage: Wer bezahlt? Klar, wenn du mit deinen Eltern essen gehst, bezahlen sie das, was du hattest, natürlich mit. Und wenn du dich mit deinen Freunden in der Eisdiele triffst, zahlt in der Regel jeder selbst für seine Kugeln. Manchmal übernimmt die Rechnung auch derjenige, der zum Essen eingeladen hat. Lädst du zum Beispiel deine Freunde ganz gezielt ein, weil du Geburtstag hast, können sie auch erwarten, dass du bezahlst.

43

Fallbeispiel

Frieda ist mit ihren Eltern und Verwandten in einem vornehmen italienischen Restaurant.

Richtig wäre: ✓

Sie wartet ab, bis sich alle gesetzt haben oder ihr ein Stuhl zugewiesen wird. Obwohl sie Durst hat und das Brot auf dem Tisch schon so verlockend duftet, beherrscht sie sich. Erst als die Tafel offiziell eröffnet ist, greift sie zu. Sie bekommt sogar einen Kindersekt. Das Glas fasst sie ganz unten am Stiel und stößt mit den anderen an. Das macht Spaß. Sie unterhält sich ein wenig mit ihrer Tante, aber natürlich nur, wenn ihr Mund gerade leer ist. Schade findet sie nur, dass sie die leckere Suppe nicht mit dem Brot auftunken kann, aber das gehört sich schließlich nicht.

Falsch wäre: ⊗

Sie stürmt in das Restaurant und setzt sich schnell auf den Platz, der ihr am besten gefällt. So kommt sie leicht an den Brotkorb und kann schon einmal anfangen. Nur etwas zu trinken fehlt. Lautstark verlangt sie nach einer Cola. Da sie keine Lust auf die Fragen der Tante hat und ihr längst langweilig ist, hört sie mit ihrem MP3-Player laut Musik. Als die Suppe kommt, ist etwas darin, was ihr gar nicht schmeckt. Das kann man ruhig allen sagen. Die Tante denkt: „Das nächste Mal werde ich darum bitten, dass das Kind zu Hause bleibt. So macht mir das Essen keine Freude."

Schmeckts denn?

Nach dem Essen müssen zum Beispiel nicht jedes Mal alle vor dem Ober diskutieren, wer zahlt. Und wenn du weißt, dass du eingeladen wirst, brauchst du selbst nicht viel Geld einzustecken. Peinlich wird es allerdings, wenn der andere diese Regeln nicht kennt. Dann kann es nämlich plötzlich passieren, dass du mit zu wenig Geld dastehst.

Bist du dir also nicht ganz sicher, wie die Einladung gemeint ist, frage besser noch einmal nach. Oder du steckst gleich so viel Geld ein, dass du deine Rechnung zur Not auch selbst übernehmen kannst. An diesem Beispiel kannst du übrigens sehr gut sehen, warum es gut ist, wenn alle sich mit Kniggeregeln auskennen.

Auf einen Blick
- Der Gastgeber reserviert für alle Gäste einen Tisch im Restaurant.
- Schmeckt dir etwas nicht, kannst du es übrig lassen.
- Verlass dich nicht darauf, dass immer derjenige die Rechnung zahlt, der einlädt!

Damit der Ober kommt, wenn du zahlen willst, musst du übrigens nicht quer durch das Lokal rufen. Warte einfach, bis du von ihm gesehen wirst. Dann reicht meistens schon ein kurzes Kopfnicken oder eine in Schulterhöhe erhobene Hand. Ist er dann zu dir an den Tisch gekommen, kannst du ihn um die Rechnung bitten.

Schwierige Gerichte gekonnt verspeisen

Standst du schon einmal vor einem tollen Buffet und wusstest gar nicht, was das alles für Speisen sind? Geschweige denn, wie man sie isst? Das macht gar nichts. Denn schließlich ist es jedem schon einmal so gegangen. Hier ein paar Tipps:

Artischocken und Avocados
Ist die Artischocke auf der Pizza oder im Salat, ist sie bereits so zubereitet, dass du sie einfach mit Messer und Gabel essen

kannst. Das Gleiche gilt für eingelegte Artischockenherzen. Bekommst du die ganze Blüte serviert, zupfst du Blatt für Blatt ab. Den dickeren, unteren Teil tauchst du dann in die Soße, die es dazu gibt. An das Fruchtfleisch kommst du, wenn du das fleischige Ende mit den Zähnen abziehst. Den Boden kannst du zum Schluss wieder mit Messer und Gabel essen.

Avocados werden gern in Verbindung mit Salaten serviert. Als Spalten im Salat isst du sie mit der Gabel. Manchmal bekommst du auch eine halbe gefüllte Frucht. In dem Fall löffelst du das Fruchtfleisch einfach aus der grünen Schale.

Spaghetti
Italiener essen Spaghetti nie mit Gabel und Löffel, wie es bei uns oft getan wird. Benutzt wird nur die Gabel. Und so funktioniert es. Du spießt zwei bis drei Nudeln auf die Gabel und wickelst sie dann auf, indem du sie gegen den Tellerrand drückst. Hört sich einfach an, erfordert aber ein wenig Übung. Am einfachsten ist es, wenn viel Soße

dran ist. Der Trick dabei ist, möglichst wenig Spaghetti auf einmal zu erwischen. Sonst wird die Nudelkugel zu groß und du bekommst sie nicht mehr elegant in den Mund. Sie mit dem Messer vorher klein zu schneiden oder gar der Länge nach einzusaugen, ist wenig stilvoll. Die Benutzung des Esslöffels dagegen ist in vielen deutschen Lokalen völlig okay.

Fisch und Meeresfrüchte
Ein Fischfilet zu essen ist ganz einfach. Du brauchst es nur vorsichtig mit dem Fischmesser zu zerteilen und ab in den Mund damit. Ist dann doch einmal eine Gräte dabei, gehört es sich nicht, sie mit den Fingern herauszupulen. Denn sonst sind danach deine Finger voller Fisch. Richtig ist es, die Gräte mit der Zunge vorsichtig zurück auf die Gabel zu transportieren und sie dann am Tellerrand abzulegen.

Wird der Fisch im Ganzen serviert, kannst du den Kellner bitten, ihn für dich zu zerlegen. Willst du es selbst probieren, geht es so: mit dem Fischmesser vorsichtig entlang der Gräte das Fleisch abheben. Die Gräte dann ent-

Schmeckts denn?

weder herausnehmen oder den Fisch wenden und auf der anderen Seite ebenfalls das Fleisch ablösen. Für die Gräten gibt es meistens einen extra Teller.

Geräucherten und eingelegten Fisch wie Matjeshering, Rollmöpse oder Aal isst du mit Messer und Gabel.

Krabben und Garnelen, die noch nicht geschält sind, kannst du in die Hand nehmen. An das leckere Fleisch kommst du, wenn du den Kopf mit der linken und das Ende mit der rechten Hand festhältst. Jetzt biegst du das Schwanzende, bis der Panzer bricht. Dann kannst du das Fleisch herausholen.

Muscheln bringen ihr Besteck schon mit. Die erste Muschel musst du noch mit der Gabel herausziehen. Bei der zweiten kannst du dann die Schale der ersten Muschel als Zange benutzen.

Bei Hummer oder Krebsen muss zuerst der Panzer geknackt werden. Entweder mit den Händen oder mit speziellen Hummerzangen und Krebsscheren. Das Fleisch aus Beinen, Schwanz und Scheren lässt sich essen. Ist der Hummer bereits geknackt, ziehst du das Fleisch mit einer Hummergabel heraus und isst es dann mit Messer und Gabel.

Wenn Meeresfrüchte mit der Hand gegessen werden, kommt es vor, dass ein Schälchen mit Zitronenwasser auf dem Tisch steht. Das ist nicht zum Trinken gedacht, sondern um die Finger zu reinigen.

Robin ist bei den Eltern seines Freundes zur Gartenparty eingeladen. Es gibt ein tolles Buffet.

Richtig wäre:

Robin wartet, bis sich die ersten Gäste etwas zu essen holen, und stellt sich dann ebenfalls an. Auf unbekannte Speisen verzichtet er lieber erst einmal. Mit seinem Teller geht er zurück an seinen Platz und wünscht allen anderen einen guten Appetit. Als sein Teller leer ist, holt er sich noch eine Portion. Er fragt einen anderen Gast höflich danach, was die kleinen Röllchen sind, und nimmt sich schließlich eines zum Probieren. Gar nicht schlecht. Für den Nachtisch holt er sich einen neuen Teller. Auf dem Weg zurück trifft er die Mutter seines Freundes und bedankt sich noch einmal für die Einladung.

Falsch wäre:

Robin stürmt zum Buffet und häuft sich den Teller richtig voll. Schließlich will er nicht so oft aufstehen. Da er sich nicht anstellen will, quetscht er sich einfach zwischen den Großen hindurch. Einige Dinge probiert er gleich am Buffet. Was nicht schmeckt, legt er wieder zurück. Auf dem Rückweg zum Tisch fällt ihm einiges vom Teller. Kein Problem, findet er. Immerhin landet ja nichts auf dem Teppich, sondern nur auf dem Rasen. Einige Gäste runzeln bereits die Stirn und auch die Mutter seines Freundes macht sich Gedanken: „Das nächste Mal laden wir Robin bestimmt nicht mehr ein, denn benehmen kann er sich leider gar nicht."

Schmeckts denn?

Kiwi, Kirschen und andere Früchtchen
Wird die Kiwi halbiert serviert, kannst du sie mit einem Löffel auskratzen. Ist sie im Stück, schälst du sie und schneidest sie dann in kleine Scheiben.

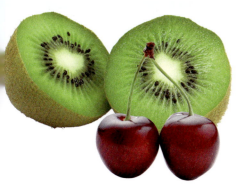

Kirschen darfst du mit der Hand essen. Der Kern wird anschließend in die hohle Hand fallen gelassen und dezent auf dem Tellerrand abgelegt. Weintrauben isst du – Traube für Traube – auch mit der Hand.

Äpfel und Birnen, die im Ganzen gereicht werden, teilst du in vier Stücke. Diese werden dann geschält und mit dem Obstbesteck gegessen. Feigen werden halbiert und ausgelöffelt. Eine bereits geschälte Banane schneidest du mit dem Obstmesser in Scheiben. Zum Essen verwendest du die Obstgabel.

Kartoffeln, Klöße und die Soße
Früher durften Kartoffeln nicht mit dem Messer geschnitten werden, weil sich das Metall verfärbte. Heute passiert das nicht mehr und das Schneiden ist erlaubt. Für Klöße gilt das ebenso. Mehr Soße nehmen beide allerdings auf, wenn du sie mit der Gabel zerteilst. In Gesellschaft solltest du darauf verzichten, die Kartoffeln mit der Soße zu vermatschen. Straßen und Dämme zu bauen, macht zwar Spaß, aber den Anblick mag nicht jeder.

Geflügel
Im Restaurant isst man Geflügel immer mit Messer und Gabel. Das Fleisch wird dazu mit dem Messer von den Knochen gelöst. Der Abfall kommt dann auf einen extra Teller. Am Buffet gibt es manch-

Schmeckts denn?

mal Hühnerbeine, die mit einer weißen Papiermanschette umwickelt sind. Hier kannst du beruhigt mit den Händen essen und die Knochen abnagen.

Peinliche Missgeschicke spielend meistern

Selbst wenn man die Regeln kennt, kann es natürlich passieren, dass mal etwas schiefgeht. In dem Moment selbst ist das manchmal schrecklich peinlich, doch hinterher eignet es sich oft noch für eine lustige Geschichte. Nimm es also nicht so schwer, wenn es mal nicht ganz so klappt mit dem guten Benehmen. Es ist noch kein Meister vom Himmel gefallen und selbst die kleckern manchmal.

Wenn dir zu Hause die Olive vom Teller kullert, lachst du wahrscheinlich und hebst sie einfach wieder auf. Im Restaurant geht das natürlich nicht. Dort gilt: Wenn etwas Größeres auf den Boden fällt, dann bitte unauffällig das Personal darum, es zu entfernen. Handelt es sich um Besteck oder eine Serviette, dann frag höflich nach einem Ersatz. Was auf dem Boden lag, wird nicht mehr benutzt. Ganz besonders wichtig ist das in guten und sehr vornehmen Häusern. Im Schnellrestaurant sieht das anders aus. Hier wird dir nur selten Personal zu Hilfe kommen. Die Serviette kannst du sicherlich selbst aufheben, alles andere bleibt einfach liegen. Oder du bittest um einen Lappen, wenn du eine größere Menge verschüttet hast.

Fällt dir zu Hause oder zu Besuch bei deiner Freundin etwas herunter, ist es selbstverständlich, dass du beim Wegräumen und Saubermachen hilfst.

Wenn du mit der Soße, dem Saft oder dem Eis kleckerst, ist das kein Weltuntergang. Hauptsache, du reibst nicht auf dem Fleck herum, wenn er auf der Tischdecke ist, und verschlimmerst die

50

Schmeckts denn?

Sache noch. Verschüttete Flüssigkeit kannst du mit der Serviette aufnehmen, wenn sie aus Stoff ist. Bunte Papierservietten färben oft ab und machen erst recht Flecken. Im Restaurant hat ein aufmerksamer Kellner den Unfall meistens längst bemerkt und kümmert sich darum. Große Flecken werden mit eigenen Tüchern abgedeckt und alles sieht wieder gut aus.

Hast du aus Versehen jemand anderen bekleckert, hilft nur eine Entschuldigung. Am besten ist, wenn derjenige selbst versucht, den Fleck zu entfernen. Die meisten Menschen haben es nämlich nicht so gerne, wenn an ihnen herumgewischt wird. Natürlich kann es sein, dass der Klecks aus der Hose nach dem ersten Reiben nicht verschwindet. Spätestens in der Reinigung können die meisten Flecken problemlos entfernt werden.

Den meisten Menschen sind die unabsichtlichen Geräusche, die einem manchmal herausrutschen, am unangenehmsten. Das laute Magenknurren oder Hicksen, der Rülpser oder schlimmstenfalls ein Pups führen in Sekundenschnelle zu einem hochroten Kopf. Da hilft nur eins: Haltung bewahren und knapp Entschuldigung sagen. Kichern ist genauso unangebracht wie stundenlanges Herumgerede. Sind alle anderen mit gutem Benehmen vertraut, werden sie einfach über die Situation hinwegsehen. Wenn du allerdings im Vorfeld bemerkst, dass du zum Beispiel gleich aufstoßen musst, gehst du kurz aus dem Raum. In der Toilette kannst du dir im wahrsten Sinne des Wortes Luft machen.

Auf einen Blick
- Wenn im Restaurant etwas vom Tisch zu Boden fällt, bittest du höflich den Kellner, es zu entfernen.
- Zu Hause oder wenn du zu Besuch bist, kümmerst du dich selbst darum.
- Peinliche Geräusche hängst du nicht an die große Glocke.

Knigge-Quiz

Wenn du das vorangegangene Kapitel aufmerksam gelesen hast, fallen dir die Antworten auf die Fragen sicher leicht. Was weißt du noch?

1. Was gehört nicht auf einen schön gedeckten Tisch?

- ☐ a) Besteck und Geschirr
- ☐ b) Servietten und Gläser
- ☐ c) Spielzeug und Zeitung

2. Wie isst du richtig?

- ☐ a) Ich beuge mich möglichst weit über das Essen, damit nichts danebenfällt.
- ☐ b) Möglichst lautstark, damit jeder merkt, wie sehr es mir schmeckt.
- ☐ c) Ich sitze gerade und führe das Essen zum Mund.

3. Wo steht der Brotteller?

- ☐ a) Rechts von mir
- ☐ b) Links von mir
- ☐ c) Oben auf allen anderen Tellern

4. Wie legst du nach dem Essen dein Besteck ab, wenn du satt bist?

- ☐ a) Neben den Teller auf die Tischdecke
- ☐ b) Parallel zueinander auf den Teller
- ☐ c) Gekreuzt auf den Teller

5. Im Restaurant sind dir Erbsen vom Teller gehüpft. Was tust du?

- ☐ a) Ich krieche unter den Tisch und sammele sie wieder ein.
- ☐ b) Ich bestelle sofort noch eine Portion.
- ☐ c) Ich esse weiter. Der Ober wird die Erbsen später aufheben.

6. Was tust du, wenn dir im Restaurant langweilig wird?

- ☐ a) Ich laufe herum und sehe mich überall um.
- ☐ b) Ich beschäftige mich still.
- ☐ c) Ich quengele so lange, bis wir heimgehen.

Outfit und Hygiene

Als du klein warst, war es noch ganz einfach. Du wurdest gewaschen und gebadet, frisch angezogen und musstest dich dabei selbst um nichts kümmern. Inzwischen ist das wahrscheinlich anders. Du putzt deine Zähne selbst, wäschst dich und wie du dich anziehst, entscheidest du auch. Meistens zumindest. Aber das eine oder andere Mal müssen deine Eltern dir vielleicht noch eine kleine Hilfestellung geben. Im Eifer des Gefechts und ganz ins Spielen vertieft kann es schließlich schnell einmal vorkommen, dass du dich unbemerkt schmutzig machst oder dein Outfit ganz und gar nicht den Vorstellungen deiner Eltern entspricht. In der Regel ist das kein Beinbruch, peinlich wird es erst, wenn du dich in Gesellschaft befindest und deswegen unangenehm auffällst.

Klamotten von Kopf bis Fuß

Jeder hat seine Lieblingsklamotten. Manche davon trägst du schon viele Jahre, andere sind neu hinzugekommen. Da ist der verwaschene Pulli, in dem du dich am wohlsten fühlst, oder die alte Jeans, die super sitzt und an den Knien schon ganz dünn ist. Das T-Shirt mit dem coolen Aufdruck und dem Loch wird dabei oft genauso geliebt wie der Mantel, dessen Farbe deine Mutter unmöglich findet, oder die Schuhe, die sie nicht bezahlen wollte, weil die Absätze für dich angeblich zu hoch sind.

Über die Kleidung der Kinder gibt es früher oder später in fast jeder Familie einmal Streit. Frag einmal deine Freunde, wie es bei ihnen ist, oder auch deine Eltern, wie es früher bei ihnen war. Fast jeder wird dir eine Geschichte erzählen können, in deren Mittelpunkt die Kleiderfrage steht. Doch warum ist das so?

Kleidung ist wichtig. Nicht nur, um sich vor dem Wetter zu schützen, sondern auch, um einen gesellschaftlichen Status auszudrücken. „Kleider machen Leute", heißt ein bekanntes Sprichwort. Das Erste, das wir an einem Menschen wahrnehmen, ist das Äußere, und dazu gehört auch seine Kleidung. Eine Frau im weißen Kittel wird vermutlich für eine Ärztin gehalten, obwohl sie vielleicht eine Bäuerin ist, der Mann in der blauen Uniform für einen

Outfit und Hygiene

Piloten, obwohl er als Fernfahrer arbeitet. Kleider und gerade Uniformen symbolisieren die Zugehörigkeit zu einem Berufsstand. Das war früher auch schon so. Damals gab es feste Kleiderordnungen, die regelten, welcher Stand beziehungsweise welche Berufsgruppe welche Kleidung tragen durfte. Bestimmte Stoffe oder Pelze waren damit zum Beispiel nur den obersten Schichten erlaubt. Das galt auch für Hüte. Ein einfacher Dienstbote durfte vor vielen Jahren nicht einfach einen tragen, wenn ihm danach zumute war.

Heute müssen sich die meisten Menschen im Privatleben nicht mehr nach einer Kleiderordnung richten. Ihre Wahl wird durch den persönlichen Geschmack und die finanziellen Möglichkeiten bestimmt. Im Beruf sieht das ein wenig anders aus. Es gibt etliche Berufsgruppen, die an Kleidervorschriften gebunden sind oder auch freiwillig eine Uniform anziehen: Ärzte, Polizisten, Feuerwehrleute, Köche, Bäcker, Schornsteinfeger, Piloten.

Doch auch in Berufen oder an Arbeitsplätzen, an denen keine Berufskleidung festgelegt ist, gibt es oft so etwas wie eine Kleidervorschrift. Die steht zwar nirgendwo, wird aber stillschweigend vorausgesetzt. Wer dann in das Büro kommt und keinen Anzug oder wenigstens ein Hemd trägt, wird schnell schief angeguckt. In einer Anwaltskanzlei sieht man es wahrscheinlich nicht besonders gern, wenn jemand Sandalen trägt oder bauchfrei mit Piercing unterwegs ist. Mit schwarzen Fingernägeln wird es schwierig an der Käsetheke und du wirst in der Bank sicherlich keinen Angestellten mit Baggy Pants und sichtbarer Unterhose antreffen.

Outfit und Hygiene

Weil das so ist, sind Eltern darauf bedacht, dass ihr Kind anständig und ordentlich angezogen ist. Der erste Eindruck zählt und für den gibt es oft keine zweite Chance. Die anderen machen sich ein Bild von dir und entscheiden in Sekunden darüber, ob sie dich sympathisch oder unsympathisch finden, für intelligent oder dumm halten, für wohlhabend oder arm, für einen Menschen mit Stil oder ohne. Das mag nicht fair sein, ist jedoch Realität. Du kannst noch so nett und charmant sein, humorvoll und hilfsbereit, schlau und interessant – wenn du mit deinem ersten Auftritt danebenliegst, wird es sehr schwer, andere doch noch vom Gegenteil zu überzeugen.

Auch Kinder und Jugendliche haben eine Art Kleiderordnung. Leider hat die längst nicht immer etwas damit zu tun, ob jemand gepflegt und ordentlich wirkt. Wer sich anders anzieht, altmodische Sachen trägt oder sich nicht die angesagte teure Markenjeans leisten kann, gehört auf einmal nicht mehr dazu. Oft kommt es dann sogar vor, dass man sich über die alten Sachen des anderen lustig macht und ihn regelrecht ausgrenzt. Das ist für denje-

nigen dann sehr verletzend. Zwar solltest du immer wissen, was du zu welchem Anlass tragen kannst und was dagegen lieber im Schrank bleiben sollte. Aber an solchen Ausgrenzungen beteiligen sollst du dich auf keinen Fall. Das ist nicht cool und hat mit gutem Benehmen überhaupt nichts zu tun. In einigen Ländern und Regionen gibt es übrigens Schuluniformen. So haben alle das Gleiche an und niemand wird benachteiligt. Was tragt ihr in der Clique und welche Erfahrungen hast du bereits mit Kleidung gemacht?

So, wie ihr unter Freunden bestimmte Sachen klasse findet und gern tragt, finden deine Eltern einige Kleidungsstücke toll. Geschmack ist eben sehr unterschiedlich. Genauso wie die Anlässe, zu denen man bestimmte Kleidung trägt. Auch da gibt es große Unterschiede. Wenn du das Fahrrad reparierst, ziehst du vermutlich nicht deinen schönen, neuen Pulli an. Und wenn du schick zum Essen eingeladen bist, wählst du hoffentlich nicht die Sportklamotten aus. Entscheidend für eine gute Kleiderwahl sind immer der Anlass und die anderen Personen, die noch daran teilnehmen. Werden alle

Outfit und Hygiene

damit zufrieden sein, wie du gekleidet bist, und ist es üblich, diesen Ort in solcher Kleidung zu besuchen? Beantwortest du beide Fragen mit Ja, liegst du mit der Wahl wahrscheinlich ganz richtig. Ansonsten ist es besser, noch einmal darüber nachzudenken. Wenn du unsicher bist, frage jemanden, der mit der Situation oder dem Ort vertraut ist.

Die falschen Sachen zu tragen, kann nämlich ganz schön peinlich sein, und zwar für alle Beteiligten. Stell dir vor, du bist auf eine Party eingeladen und niemand hat dir gesagt, dass es ein Kostümfest ist. Als Einziger ohne Verkleidung dazustehen, kann ziemlich blöd sein. Und zu deiner Konfirmation oder Kommunion möchtest du wahrscheinlich auch schicke Sachen tragen, um nicht völlig aus dem Rahmen zu fallen. Anders sein und aufzufallen, ist nicht bei jeder Gelegenheit erwünscht.

Wenn ihr euch in der Familie oft wegen deiner Klamotten in den Haaren liegt, kann auch hier ein Kompromiss helfen: Zu offiziellen Anlässen bestimmen die Eltern, was getragen wird. Wenn du dagegen mit deinen Freunden unterwegs bist, ziehst du an, was du möchtest. Probiert es einfach einmal aus.

Doch ganz egal, für welches Kleidungsstück du dich entscheidest, sauber und frisch gewaschen sollte es auf jeden Fall sein. Denn die falsche Kleiderwahl wird dir sicherlich eher verziehen als peinliche Flecke und ein muffiger Geruch.

Auf einen Blick
- Kleidung drückt eine Gruppenzugehörigkeit und einen Status aus.
- In manchen Berufen gibt es Kleidervorschriften.
- Der erste Eindruck hängt unter anderem auch von der Kleidung ab.

Outfit und Hygiene

An meine Haut lasse ich nur ...

Ein gewisses Maß an Hygiene wird nicht grundlos von dir erwartet. Körperpflege ist nämlich wichtig für deine Gesundheit. So werden zum Beispiel über die Hände ständig Keime aufgenommen und weitergegeben.

Das Händewaschen vor dem Essen und erst recht nach jedem Gang zur Toilette ist somit keine Schikane pingeliger Eltern. Es sorgt unter anderem dafür, dass du gesund und munter bleibst. Außerdem hast du bestimmt schon von Grippewellen gehört, die um die ganze Welt gehen. Bist du eher nachlässig mit dem Händewaschen, trägst du dazu bei, dass sich ganz viele andere Menschen anstecken.

Zur täglichen Körperpflege sollte außerdem gehören, sich zu duschen oder gründlich am ganzen Körper zu waschen und mindestens zweimal die Zähne zu putzen. Gekämmte Haare und saubere, gepflegte Fingernägel vervollständigen das Erscheinungsbild. Treibst du viel Sport und schwitzt dabei stark, sollte es selbstverständlich sein, danach ebenfalls zu duschen.

Zu einer guten Körperpflege gehört aber nicht nur Wasser. Seife beziehungsweise Duschgel und Shampoo sind ebenso wichtig. Welche Marke und Duftnote du dabei bevorzugst, bleibt ganz allein dir überlassen. Auch bei den Deos gibt es hinsichtlich der Wirksamkeit kaum Unterschiede. Du solltest aber darauf achten, dass die Düfte zusammenpassen und nicht allzu intensiv sind. Das Gleiche gilt übrigens für die Benutzung von Parfum. Zu viel davon wirkt aufdringlich und nimmt deinem Banknachbarn unter Umständen den Atem.

Bist du nach dem Duschen sauber und frisch, ist es natürlich auch angebracht, saubere Kleidung anzuziehen. Der Pulli, der schon drei Tage zerknüllt unter dem Bett gelegen hat, oder die Unterwäsche von gestern gehören in den Wäschekorb und werden nicht wieder angezogen. Die neuen Sachen sollten aber nicht nur frisch gewaschen sein, sondern auch so aussehen. Das heißt, sie sollten entweder beim Aufhängen nach der Wäsche schon glatt in Form gezogen oder nach dem Trocknen gebügelt werden. Zerknitterte Hemden und verknautschte T-Shirts wirken immer etwas schmuddelig.

Outfit und Hygiene

Wenns müffelt – Schweiß und Mundgeruch

Ungewaschene Menschen verströmen relativ schnell einen etwas strengen Geruch und belästigen damit ihre Mitmenschen. Wer schon einmal einen ganzen Tag neben so einem Schmuddelkind auf der Schulbank ausharren musste, weiß, wie unangenehm das sein kann. Leider geht es nicht immer, sich einfach einen anderen Platz zu suchen, und das Problem löst sich davon leider auch nicht. Damit sich in Zukunft an der Situation etwas ändert, bleibt nur, das unangenehme Thema anzusprechen.

Kleine Kinder sind da noch ganz unbefangen. Egal, ob es sich um die zu stark parfümierte Tante oder den miefenden Spielkameraden handelt. Sie stellen sich einfach hin und sagen: „Du stinkst." Das geht ab einem bestimmten Alter natürlich nicht mehr. Fingerspitzengefühl ist dann gefragt, damit der andere durch deine Äußerungen nicht verletzt wird.

Jeder Mensch riecht anders. Das hat einerseits mit dem Stoffwechsel zu tun, andererseits mit der Ernährung und natürlich der Hygiene. Sich täglich zu waschen und frische Wäsche anzuziehen, ist anderen gegenüber angebracht und du fühlst dich wahrscheinlich auch wohler damit. Jeden Tag wechseln solltest du die Unterwäsche und Socken. Pullover, Hosen und andere Kleidungsstücke wechselst du jeweils nach Bedarf. Dazu gehört allerdings, Sachen, die du noch einmal anziehen willst, ordentlich in den Schrank zu räumen. Sonst sehen sie schnell aus, als hättest du die letzten Nächte darin geschlafen.

Fallbeispiel

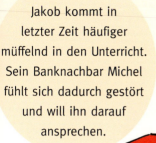

Jakob kommt in letzter Zeit häufiger müffelnd in den Unterricht. Sein Banknachbar Michel fühlt sich dadurch gestört und will ihn darauf ansprechen.

Richtig wäre:

Michel wartet einen günstigen Augenblick ab und nimmt dann seinen Banknachbarn zur Seite. Unter vier Augen sagt er zu ihm: „Du, mir ist jetzt schon häufiger aufgefallen, dass du immer denselben Pulli trägst. Leider müffelt der bereits ein bisschen. Ich habe auch einen Lieblingspullover und könnte den ständig tragen. Ab und zu muss er dann aber doch in die Wäsche und hinterher riecht er wirklich besser." Jakob ist das Gespräch peinlich. Seine Mutter hat ihm schließlich schon das Gleiche gesagt. Aber er ist froh, dass Michel ihn darauf hingewiesen hat. So bleibt ihm die große Blamage vor der gesamten Klasse erspart.

Falsch wäre:

Jedes Mal, wenn Jakob neben ihm sitzt, rutscht Michel demonstrativ an den Rand der Bank und rümpft die Nase. Er wedelt übertrieben mit einem Taschentuch vor seiner Nase herum und die anderen in der Klasse lachen. Als Jakob am nächsten Tag in den Raum kommt, ruft Michel ihm schon von Weitem entgegen: „Hey, Stinker, habt ihr inzwischen eine Waschmaschine?" Jakob schießen die Tränen in die Augen. Klar kann Michel nicht wissen, dass Jakobs Mutter schon länger krank ist. Da klappt vieles nicht so wie gewohnt. Aber gleich so gemein zu sein und ihn lächerlich zu machen, hätte Jakob ihm nicht zugetraut.

Outfit und Hygiene

Manche Menschen haben eine Veranlagung für Schweißfüße. Dagegen hilft es, möglichst viel barfuß zu laufen. Die Socken sollten aus Baumwolle sein und Schuhe aus Leder, damit sie den Schweiß aufnehmen können. Turnschuhe verschlimmern die Situation dagegen. Frischer Schweiß riecht übrigens nicht. Erst nach der Zersetzung der Bakterien an der Luft entsteht der unangenehme Geruch. Verschwitztes Sportzeug gehört deshalb am besten gleich in die Waschmaschine und sollte nicht zu lange neben anderen Kleidungsstücken liegen.

Gegen Mundgeruch hilft eine gute Zahnhygiene. Häufiges Putzen und die Entfernung des Zungenbelages verbessern den Atem ebenso

Auf einen Blick
- Die tägliche Körperpflege ist ein Muss.
- Unterwäsche und Socken sollten täglich gewechselt werden.
- Willst du andere auf ihren unangenehmen Körpergeruch ansprechen, tust du das am besten unter vier Augen.

wie Pfefferminze und Petersilie. Auf die Schnelle tut es aber auch ein zuckerfreier Zahnpflegekaugummi. Den eigenen Mundgeruch kannst du übrigens nicht riechen. Wenn du wissen willst, ob du welchen hast, musst du jemanden fragen.

Menschliche Ausrutscher – von Gähnen bis Niesen

In Gesellschaft laut zu niesen oder zu gähnen, gilt als unhöflich. Ein ohrenbetäubendes „Hatschi" ohne vorgehaltene Hand oder ein schützendes Taschentuch ist für alle Umstehenden sehr unangenehm. Niemand bekommt gern die Keime anderer ins Gesicht geschleudert, um dann womöglich noch selbst krank zu werden. Das gilt übrigens genauso für lautstarkes Husten.

Am höflichsten wäre es, den Raum zu verlassen, bevor der große Nieser oder Huster ausbricht. Da das nicht immer möglich ist, weil du zum Beispiel gerade im Unterricht sitzt oder er zu überraschend kommt, wendest du dich von den anderen ab und hustest oder niest in die linke Hand oder Armbeuge.

60

Outfit und Hygiene

In die linke Hand deshalb, weil du später unter Umständen die rechte Hand zum Verabschieden benutzt. Besser ist natürlich, du hast ein Taschentuch greifbar und kannst es dir noch rechtzeitig vor Mund oder Nase halten. Wenn du dir hinterher die Hände wäschst, ist das vorbildlich.

Niest oder hustet jemand anderes, muss dieser Vorfall übrigens nicht kommentiert werden. Du kannst die Sache einfach ignorieren. Viele Menschen empfinden es jedoch erst recht als unhöflich, wenn ihnen niemand „Gesundheit" wünscht. Wenn du diesen Brauch auch magst, wird dich niemand schief angucken, solange du dezent bleibst.

Im Beisein anderer ausgiebig zu gähnen, gehört sich nicht. Den Mund weit aufzureißen wie ein Löwe mag zwar herrlich entspannend sein, in Gegenwart anderer solltest du jedoch darauf verzichten. Wenn du gähnen musst, tust du das am besten hinter vorgehaltener Hand und möglichst geräuschlos.

Johanna hat sich erkältet und trifft sich mit der Clique im Park.

Richtig wäre:

Sie hält sich bei der Begrüßung etwas zurück und umarmt ihre Freunde nicht wie sonst. Sie entschuldigt sich dafür und erklärt ihr ungewohntes Verhalten mit der Erkältung. Genügend Taschentücher hat sie sich eingesteckt und jedes Mal, wenn sie niesen oder husten muss, wendet sie sich von den anderen ab. „Ich will schließlich nicht, dass ihr auch noch krank werdet. Es reicht ja, dass ich mich nicht so toll fühle", sagt sie sich. „Frische Luft tut bei Erkältung gut", hat ihre Mutter gemeint und Johanna ist froh, dass sie ihr erlaubt hat, die Freunde zu treffen. Allein zu Hause wäre es doch sehr langweilig geworden.

Falsch wäre:

Johanna stürmt im Park gleich auf die Freunde zu, umarmt und küsst alle herzlich. Sie erzählt, dass sie wegen ihrer Erkältung heute nicht im Schwimmunterricht war. Dabei bekommt sie einen Hustenanfall und die Nase läuft schon wieder. Die Taschentücher hat sie in der Eile zu Hause vergessen. Sie hustet und niest einfach in die Runde, ohne sich die Hand vorzuhalten. Ihre Freundin Anna findet das nicht so toll. „Mensch, Johanna, huste doch in die andere Richtung. Ich will nicht schon wieder eine Erkältung bekommen", sagt sie. Doch Johanna lacht nur und meint, Anna solle nicht so zimperlich sein.

Knigge-Quiz

Wenn du das vorangegangene Kapitel aufmerksam gelesen hast, fallen dir die Antworten auf die Fragen sicher leicht. Was weißt du noch?

1. Worauf solltest du bei der Wahl deiner Kleidung besonders achten?

☐ a) Sie ist cool und in der Clique angesagt.
☐ b) Sie ist dem Anlass angemessen.
☐ c) Sie ist besonders teuer.

2. Welches Kleidungsstück ist täglich zu wechseln?

☐ a) Die Schuhe
☐ b) Die Socken
☐ c) Der Pullover

3. Es ist ein heißer Sommertag und du bist verschwitzt. Später hast du noch eine Verabredung. Was tust du?

☐ a) Ich benutze möglichst großzügig mein Deo.
☐ b) Ich dusche vorher schnell und ziehe mir etwas Frisches an.
☐ c) Ich habe morgens schon geduscht und wechsele jetzt nur noch die Klamotten.

4. Den roten Pullover hattest du nur kurz in der Schule an. Dreckig ist er nicht. Wohin damit?

☐ a) Er kann dort liegen bleiben, wo ich ihn ausgezogen habe. Dann muss ich ihn das nächste Mal nicht suchen.
☐ b) In die Waschmaschine zu den anderen Sachen. Dann spare ich mir das Aufräumen.
☐ c) Ich räume ihn zurück in den Schrank, damit er später nicht zerknittert aussieht.

5. Ein Nieser ist im Anmarsch. Was tust du?

☐ a) Ich niese in die Runde.
☐ b) Ich niese in ein Taschentuch oder in meinen Ellenbogen.
☐ c) Ich versuche, ihn zu unterdrücken.

Ab auf die Piste

Es ist ein tolles Gefühl, selbstständig zu werden und allein ausgehen zu können. Sich mit Freunden zu verabreden, sich gegenseitig einzuladen und zu besuchen, gemeinsam ins Kino zu gehen oder auch in den Zirkus, ist ohne die Begleitung der eigenen Eltern natürlich viel schöner und aufregender. Die Welt wird wieder ein Stückchen größer und es gibt viel Neues zu entdecken. Wahrscheinlich stellst du dann schnell fest, dass auch neue Regeln dazugehören. Wie läuft ein Abendessen bei deinem Freund ab, wie reagierst du richtig auf eine Einladung und worauf kommt es im Theater an? Die Eltern kannst du im entscheidenden Augenblick nicht fragen, weil sie nicht da sind. Besser ist es also, du machst dich vorher schlau.

Eingeladen sein

Von anderen eingeladen zu werden, ist schön. Nicht nur, weil ihr dann zusammen spielen und euch unterhalten könnt, sondern auch, weil dir damit gezeigt wird, dass deine Gesellschaft erwünscht ist. Du bist beliebt und es macht Spaß, mit dir zusammen zu sein, lautet die Botschaft, die dahinter steckt. Denn normalerweise lädt man nur Leute ein, die man auch mag. Und natürlich solche, die sich gut benehmen können.

Wer will schon nach einem gemeinsam verbrachten Nachmittag allein dafür verantwortlich sein, das verwüstete Zimmer aufzuräumen und wieder in einen bewohnbaren Zustand zu bringen? Und wenn dein Freund sich für dich schämen muss, weil du beim Essen schlürfst und kleckerst, ist die Situation schnell für alle unangenehm. Im schlimmsten Fall kann es sogar passieren, dass du danach nicht noch einmal eingeladen wirst. Worauf kommt es also an?

Wirst du eingeladen, ist es höflich, sich für die Einladung zu bedanken. Allein schon deswegen, weil an dich gedacht wurde. Teile bitte auch mit, ob du die Einladung annimmst oder leider absagen musst. Dann wissen alle, ob mit dir zu rechnen ist oder nicht, und können besser planen. Denn vielleicht muss das Essen noch eingekauft und zubereitet oder Eintrittskarten für das Theater oder das Kino müssen vorab bestellt werden.

Fallbeispiel

Stefan ist die ganze Woche bei seiner Freundin Julia zum Mittagessen eingeladen, weil seine Mutter länger arbeiten muss.

Richtig wäre:

Wenn er zusammen mit Julia nach Hause kommt, waschen sich beide zuerst die Hände. Während Julia ihre Schulsachen wegräumt, hilft Stefan dabei, den Tisch zu decken. Dann setzt er sich und wartet, bis alle anderen da sind. Stefan bemüht sich, besonders manierlich zu essen. Hinterher räumt er den Tisch ab und stellt das Geschirr gleich in die Spülmaschine. Er bedankt sich für die leckere Mahlzeit und setzt sich mit Julia an die Hausaufgaben. „Stefan zu Besuch zu haben, ist schön. Und zusätzliche Arbeit macht er mir überhaupt nicht", denkt Julias Mutter.

Falsch wäre:

Bei Julia zu Hause setzt sich Stefan sofort an den Esstisch, während die anderen beim Aufdecken helfen. Dann nimmt er so viel Essen, wie er will, und achtet gar nicht darauf, ob die anderen auch noch etwas möchten. Oft beugt er sich dabei weit über den Tisch. So passiert es, dass er sein Glas umkippt. Auf die Idee, selbst das Tuch zum Aufwischen zu holen, kommt er nicht. Schon nach zwei Tagen mit Stefan hofft Julias Mutter, dass die Woche schnell vorbeigeht: „Ob er sich zu Hause auch bedienen lässt und solche schlechten Manieren hat? Wie hält seine Mutter das bloß aus?"

Besuchst du Freunde zu Hause, kann es sein, dass es dort ganz andere Spielregeln als bei dir gibt. Jede Familie hat ihren eigenen Ablauf und ihre Rituale. Höflich ist in jedem Fall, diese Regeln auch als Gast zu respektieren und sich danach zu richten. Wird das Haus oder die Wohnung zum Beispiel nur mit Hausschuhen betreten, solltest du ebenfalls deine Straßenschuhe ausziehen. Hast du keine Hausschuhe oder dicken Socken dabei, borgt man dir sicher gern welche. Und das nächste Mal bringst du einfach deine eigenen mit.

Eine alte Redensart heißt: „Ein guter Gast ist immer der, den man gar nicht bemerkt." Achte also darauf, dass durch deine Anwesenheit möglichst wenig zusätzliche Arbeit entsteht. Und frage ruhig nach, ob du helfen kannst. Wenn der andere

sich dann darüber freut, macht es gleich noch einmal so viel Spaß. Und bevor du wieder nach Hause gehst, solltest du dich auf jeden Fall bedanken.

Gastgeschenke, die ankommen
Wenn die Einladung eine besondere Ehre für dich oder mit höherem Aufwand für deinen Gastgeber verbunden ist, sollte ein Gastgeschenk nicht fehlen. So ein kleines Geschenk muss gar nicht teuer sein, vielmehr kommt es auf die Geste an. Bist du nachmittags mit deiner Freundin zum Spielen verabredet, erwartet keiner, dass du etwas mitbringst. Es sei denn, ihr trefft euch immer bei der Freundin und nie bei dir, dann kannst du schon mal Kekse oder etwas Süßes beisteuern. Anders sieht es aus, wenn du das ganze Wochenende bei einem Freund verbringst. In so einem Fall kannst du dich mit einem kleinen Mitbringsel für die entstandene Mühe bedanken.

Ein Geschenk sollte dem Beschenkten Freude machen. Wenn du öfter bei deiner Freundin zu Besuch bist und ihre Eltern etwas kennst, fällt es dir wahrscheinlich gar nicht schwer, das Richtige auszusuchen. Deine Eltern helfen außerdem sicher gern dabei. Wie wäre es zum Beispiel mit einem Foto von dir und deiner Freundin, das ihre Eltern noch nicht haben? Oder was hältst du von ein paar Blumenzwiebeln für den Garten? Du kannst aber auch ein Bild malen, etwas basteln oder ein Glas selbst gemachte Marmelade verschenken.

Weißt du nicht genau, welchen Geschmack deine Gastgeber haben und was sie mögen, bieten sich unverfängliche Kleinigkeiten an. Beliebt sind Blumen, Pralinen und Gutscheine aller Art. Habt ihr einen Garten, sind selbst gepflückte Sträuße besonders schön. Zu den willkommensten Gutscheinen zählen die für Bücher oder das Kino. Denn fast alle Leute lesen oder schauen sich gern Filme an.

Auf einen Blick
- Eine Einladung ist auch immer eine Auszeichnung.
- Höflich ist, sich an die Regeln zu halten, die es bei deinem Gastgeber gibt.
- Kleine Geschenke für nicht alltägliche Einladungen erhalten die Freundschaft.

Selbst Gastgeber sein

Sicher warst du auch schon einmal selbst Gastgeber und hast Freunde zu dir nach Hause oder zu einer Unternehmung eingeladen. Dann weißt du vielleicht auch schon, dass ein guter Gastgeber auf einiges zu achten hat.

Zuallererst muss dein Gast natürlich darüber informiert werden, wozu er eingeladen ist. Feierst du deinen Geburtstag, willst du mit ihm in den Freizeitpark oder ins Kino gehen? Wohin soll er kommen und wann soll es losgehen? Wie lange wird es dauern und wann wird er wieder zu Hause sein? Eine Menge Fragen, die du beantworten musst, damit jeder gut planen kann. Die Eltern wollen schließlich auch informiert werden und müssen zustimmen.

Hast du deine Freunde zu dir nach Hause zum Geburtstag eingeladen, kommen noch weitere Gastgeberpflichten auf dich zu. Wichtig ist, dass sich deine Gäste wohlfühlen. Dazu kann auch gehören, dass du ihnen den Vortritt lässt – auch wenn es dein Ehrentag ist. Von der Geburtstagstorte bekommen sie zuerst ein Stück, bevor du dich selbst bedienst. Von den Würstchen selbstverständlich auch. Sie dürfen mit deinem Spielzeug spielen, wenn sie möchten, und bei Wettspielen gewinnt auch nicht automatisch das Geburtstagskind.

Fast ebenso wichtig ist, dass du all deine Gäste gleich behandelst. Wenn du nur mit Torben spielst, dich um alle anderen aber gar nicht kümmerst, ist das sehr unhöflich. So kann es passieren, dass sich deine anderen Gäste vernachlässigt und unerwünscht fühlen. Das ist kein schönes Gefühl. Überlege dir darum vorher gut, wen du zu deiner Feier einlädst.

Schriftlich, mündlich oder wie?
Zu größeren Feiern oder Veranstaltungen solltest du auf jeden Fall schriftlich einladen. Denn meistens gibt es einfach zu viele Informationen, die sich kaum jemand merken kann. Einfacher ist es dann für deine Gäste und ihre Eltern, wenn sie eine schriftliche Einladung in den Händen halten. So können sie im Fall der Fälle noch einmal nachschauen, wann die Feier beginnt und wo sie stattfindet.

Das gehört in die Einladungskarte: Wer lädt ein? Was ist der Anlass? Wo findet was statt? Wie lange wird es dauern? Was soll eventuell mitgebracht werden? Auch wichtig: Schreibe in die Einladung, bis wann du eine Zu- oder Absage erwartest.

Im Schreibwarenhandel gibt es Einladungskarten zu kaufen, die du nur noch ausfüllen musst. Schöner und persönlicher sind in der Regel aber selbst gemachte Karten. Deiner Fantasie kannst du dabei freien Lauf lassen. Wie wäre es mit einer Karte in Drachenform für ein Herbstfest oder mit einer Flaschenpost für das Geburtstagswochenende an der Ostsee? Du kannst eine Collage aus Fotos machen oder Schlagzeilen aus der Zeitung ausschneiden. Deine Eltern helfen dir sicher gern.

Die Einladungskarte sollte mindestens eine Woche vor dem Ereignis bei deinem Gast ankommen. Fällt die Feier auf ein Wochenende, einen Feiertag oder liegt sie in den Ferien, ist die Einladung besser zwei Wochen vorher dort.

Mündliche Einladungen sind gut für spontane Aktivitäten. Triffst du einen Freund in der Stadt und ihr wollt später noch bei dir ein Computerspiel spielen, schreibst du garantiert keine Einladung. Wozu auch? Denn schließlich muss sich dein Kumpel höchstens die Uhrzeit merken und das klappt wahrscheinlich auch ohne schriftliche Merkhilfe ganz problemlos.

Spontanes Verabreden geht auch prima per Telefon oder Handy. Ein kurzer Anruf oder eine SMS genügen, um sich später in der Stadt zu treffen, ein Eis zu essen oder die Hausaufgaben gemeinsam zu machen. Schnell, unkompliziert und ohne großen Aufwand.

Tischordnung
Die Einladungskarten zu deiner Konfirmation beziehungsweise Kommunion hast du rechtzeitig an alle Verwandten und Freunde verschickt. Jetzt rückt der

große Tag näher und damit auch eine wichtige Frage: Wer darf neben dir an der großen Tafel sitzen?

Grundsätzlich ist es so, dass du den Ehrenplatz bekommst, wenn du – wie bei deiner Konfirmation oder Kommunion – die Hauptperson bist. Meist ist dieser am Kopfende des Tisches. Alle anderen Gäste werden entsprechend ihrer Wichtigkeit links und rechts von dir platziert. Bei einer Konfirmation oder Kommunion sitzen entweder die Paten oder die Eltern direkt neben dir. Dann kommen Großeltern und weitere Verwandte und erst dann die eingeladenen Freunde. Manchmal gibt es die zusätzliche Schwierigkeit, dass sich einige der Eingeladenen nicht gut verstehen. Dann ist darauf zu achten, dass diese bei Tisch möglichst nicht nebeneinandersitzen.

Hast du eine ganz andere Vorstellung von der Sitzordnung, besprichst du sie am besten mit deinen Eltern. Vielleicht nehmen sie auf deinen Wunsch Rücksicht, auch wenn er gegen alle Konventionen, das heißt gesellschaftlichen Übereinkünfte, verstößt. Das kann zum Beispiel der Fall sein, wenn du einen guten Freund herausheben und ihm zeigen willst, wie viel er dir bedeutet. Ist die Tafel sehr groß, bietet es sich an, Tischkärtchen zu schreiben. So findet jeder schnell seinen Platz und es gibt keine Diskussionen.

Auf einen Blick
- Ein guter Gastgeber stellt sich selbst nicht ständig in den Mittelpunkt.
- Zu großen Feiern und Veranstaltungen lädst du besser schriftlich ein.
- Der wichtigste Gast sitzt immer direkt neben dem Gastgeber.

Knigge für Kino, Theater und Museum

Gehst du gern mit Freunden ins Kino? Und hast du dich dort schon einmal über andere geärgert? Bestimmt! Da setzt sich doch der lange Kerl direkt vor dich und du siehst kaum noch etwas. Jemand schmeißt von hinten mit Popcorn oder raschelt so laut mit der Chipstüte, dass du die Hälfte des Films nicht verstehst. Das ist sehr ärgerlich, denn schließlich hast du Geld für die Eintrittskarte bezahlt und wolltest den Film genießen.

Gerade wenn viele Menschen an einem Ort zusammenkommen und sich untereinander nicht kennen, sind gute Manieren besonders wichtig. Zu Hause kannst du dir aussuchen, wen du einlädst. Und wenn dir das Benehmen eines Kumpels nicht passt, wird er eben nicht noch einmal eingeladen. In der Öffentlichkeit geht das nicht. Du kannst den anderen ja schlecht verbieten, ins Kino zu gehen. Und weil in so einer Situation alle miteinander zurechtkommen müssen, ist es schön, wenn aufeinander Rücksicht genommen wird. Was heißt das konkret?

Auch wenn vor dem Hauptfilm noch Werbung läuft, gehört es sich, pünktlich zu sein. Niemand, der bereits sitzt, findet es schön, wenn sich andauernd noch Personen an ihm vorbeidrän-

Ab auf die Piste

geln. Und wenn du dich doch einmal verspätest, wende den anderen beim Vorbeigehen das Gesicht zu und nicht dein Hinterteil. Ein kleines „Dankeschön" dafür, dass die anderen die Füße einziehen, ist auch nie verkehrt. Sitzt du dann, kannst du genüsslich dein Popcorn verspeisen. Auch Eis, Chips und Limonade sind im Kino kein Tabu. Achte jedoch darauf, dass du niemanden bekleckerst. Schmatzen und Schlürfen ist im Kino genauso wenig appetitlich wie alle anderen lauten Geräusche. Der Film sollte weder ständig kommentiert werden, noch finden es die wenigsten Menschen toll, wenn ihnen schon vorher erzählt wird, was gleich auf der Leinwand passiert.

Gehst du ins Theater oder in die Oper, sind die Regeln noch strenger. Essen während der Vorstellung ist nur in ganz wenigen Theatern gestattet. Einzige Ausnahme bilden Bonbons, um den Hustenreiz zu lindern. Und das auch nur,

wenn sie ohne Geräusche ausgewickelt und gelutscht werden können. Pünktlichkeit ist oberste Pflicht. Wer zu spät kommt, wird teilweise erst an passenden Stellen im Stück oder sogar erst in der Pause hineingelassen. Du verpasst also die Hälfte. Zum Ende der Pause ertönt ein Signal, das alle Gäste zurück auf die Plätze ruft. Gehe also rechtzeitig auf die Toilette und mach dich, wenn du das Signal hörst, auf den Rückweg, um pünktlich am Platz zu sein.

Während der Vorstellung sollte es möglichst ruhig im Saal sein. Auf dem Sitz herumzurutschen, mit dem Programmheft zu rascheln oder sogar mit dem Nachbarn zu flüstern, sollte unterbleiben. Und natürlich geht es auch nicht, sich mit dem Nachbarn um die gemeinsame Armlehne zu streiten.

In vielen Theater- oder Opernhäusern wird Wert auf festliche oder zumindest angemessene Kleidung gelegt. Shorts und Flip-Flops sind dort genauso verpönt wie T-Shirts, Jogginghosen und alte Turnschuhe. Ohne entsprechende Garderobe kommst du unter Umständen gar nicht erst hinein.

Fallbeispiel

Angelina ist mit ihrer Freundin Greta und deren Eltern im Theater. Sie haben gute Plätze in der Mitte der Reihe.

Richtig wäre:

Angelina ist nach der Pause rechtzeitig zurück auf ihrem Platz. Gespannt sitzt sie da und wartet auf den zweiten Teil. Damit sie zwischendurch nicht husten muss, hat sie sich schnell noch ein Bonbon in den Mund gesteckt. Schließlich will sie während der Vorführung nicht mit der Tüte rascheln. Als es im Theater für den nächsten Akt dunkel wird, ist sie mucksmäuschenstill. Hinterher applaudiert sie eifrig. Gretas Vater ist froh darüber, dass Angelina sich so vorbildlich benommen hat: „Wenn wir das nächste Mal ins Theater gehen, nehmen wir sie gern wieder mit."

Falsch wäre:

Angelina hat in der Pause herumgetrödelt. Jetzt sitzen alle schon wieder auf ihren Plätzen und sie muss sich durch die ganze Reihe hindurchschieben. Dabei dreht sie den anderen Besuchern den Rücken zu und stützt sich auf der Vorderlehne ab. Der nächste Akt hat schon längst begonnen, als sie Lust auf einen Kaugummi bekommt. Sie kramt geräuschvoll in ihrer Jackentasche, und als sie von allen Seiten angezischt wird, kann sie das gar nicht verstehen. Gretas Vater ist Angelinas Verhalten sehr peinlich. „Hoffentlich denkt niemand, dass das unser Kind ist."

Ab auf die Piste

Im Museum gibt es keine Kleidervorschrift. Hinein darf jeder, der Eintritt bezahlt und den Hund und das Eis draußen lässt. Manchmal kann es sein, dass du über deine Straßenschuhe Filzpantoffeln ziehen musst. Das schont den empfindlichen Boden und erhöht den Spaßfaktor. Nur zu wild solltest du es damit auch nicht treiben. Die Überschuhe ersetzen schließlich nicht die rasante Eislaufpartie im Winter. Verboten sind in der Regel: Essen aller Art, Ausstellungsstücke berühren und Krach machen.

Es gibt aber auch Museen, die Wissen auf praktische Art vermitteln. Hier ist es sogar ausdrücklich erwünscht, dass du die Dinge berührst und ausprobierst. Dazu wirst du dann mit Schildern aufgefordert oder Mitarbeiter sprechen dich direkt an.

Auf einen Blick
- Bei öffentlichen Veranstaltungen Rücksicht zu nehmen, ist höflich.
- Je festlicher der Anlass, desto strenger die Regeln.
- Geht man in einer Stuhlreihe aneinander vorbei, wendet man dem anderen immer das Gesicht zu.

Knigge-Quiz

Wenn du das vorangegangene Kapitel aufmerksam gelesen hast, fallen dir die Antworten auf die Fragen sicher leicht. Was weißt du noch?

1. Du bist bei deiner Freundin zum Abendessen. Wie verhältst du dich richtig?

☐ a) Ich mache alles so, wie ich es von zu Hause kenne.
☐ b) Ich nehme mir, was ich will, denn ich bin schließlich der Gast.
☐ c) Ich halte mich an die Regeln, die bei meiner Freundin gelten.

2. Du darfst bei deinem besten Freund übernachten. Wie bedankst du dich dafür am besten?

☐ a) Ich bringe ein Gastgeschenk für seine Eltern mit.
☐ b) Ich bringe meinem Freund etwas mit.
☐ c) Ich bringe gar nichts mit und sage nur „Danke".

3. Deine Freunde sind nachmittags bei dir zum Spielen eingeladen. Wie verhältst du dich?

☐ a) Ich spiele nur mit meinem besten Freund Robert.
☐ b) Ich bestimme, wer welches Spielzeug haben darf.
☐ c) Ich kümmere mich um alle meine Freunde gleichermaßen.

4. In der Theaterpause hast du etwas zu trinken gekauft. Es hat schon das zweite Mal zum Ende der Pause geläutet, doch dein Glas ist noch nicht leer. Was tust du?

☐ a) Ich lasse das Glas halb voll stehen und gehe zurück an meinen Platz.
☐ b) Ich nehme das Glas mit an meinen Platz.
☐ c) Ich trinke mein Glas in aller Ruhe im Foyer aus und gehe erst später an meinen Platz.

Tolle Technik: Kommunikation und Unterhaltung

Kannst du dir vorstellen, dass deine Eltern in ihrer Kindheit weder ein Handy noch einen MP3-Player oder einen Gameboy hatten? Es gab keine tragbaren DVD-Spieler, Playstations oder grafisch ausgefeilten Computerspiele. Zum Telefonieren hatte man einen Festnetzanschluss oder man musste sogar noch in die Telefonzelle gehen.

Wer Musik hören wollte, benutzte den Kassettenrekorder, und Filme gab es im Kino oder später auf Videokassetten. So viele elektronische und tragbare Geräte zur Unterhaltung wie heute gab es damals längst nicht und damit auch nicht so viele Möglichkeiten, an den Gesprächen und Geräuschen anderer in der Öffentlichkeit teilzuhaben.

Immer mehr Menschen fühlen sich mittlerweile durch die Handygespräche anderer belästigt oder stören sich an der Benutzung von Musikabspielgeräten in Bahn, Tram und Bus. Dabei erwartet vermutlich niemand, dass du grundsätzlich auf die Benutzung von Technik verzichtest. Gewünscht ist vielmehr der bewusste und für andere verträgliche Umgang damit.

Telefonieren, aber richtig

Ein Handy ist toll und hat viele Vorteile. Du bist für deine Eltern und Freunde erreichbar und kannst auch selbst jederzeit jemanden anrufen oder eine Nachricht schicken. Ganz gleich, ob du irgendwo abgeholt werden willst oder Bescheid sagst, weil du dich verspätest – mit dem Handy geht das schnell und einfach. Diese kleinen Geräte sind einfach superpraktisch und es ist fast unvorstellbar, dass Menschen früher ohne eines auskamen.

Doch manchmal kann ein Handy auch richtig nerven. Fühlst du dich nicht auch gestört, wenn es andauernd irgendwo klingelt oder du Gespräche laut mithören musst? Damit dein Handy und das Telefonieren nicht zum Ärgernis für andere werden, gibt es ein paar einfache Tipps.

Im Restaurant
Das Handy gehört in keinem Fall auf den Tisch. Lass es stattdessen lieber in der Jacke oder der Tasche. Wichtig ist auch, dass dein Telefon entweder ganz aus- oder auf lautlos geschaltet ist. Solltest du das einmal vergessen

75

haben und es klingelt plötzlich, entschuldigst du dich am besten bei den anderen und schaltest das Gerät aus. Es kann passieren, dass du einen wirklich wichtigen Anruf erwartest. Vielleicht wollen deine Eltern dir sagen, wann sie dich am Restaurant abholen werden, oder jemand ist im Krankenhaus. Musst du das Telefonat also unbedingt führen, tust du das am besten vor der Tür, damit die anderen Gäste nicht gestört werden. Außerdem solltest du schon vorher ankündigen, dass du einen Anruf erwartest. In einigen Restaurants sind Handys inzwischen auch verboten. Ein Zeichen an der Tür weist darauf hin.

Unter Freunden
Findest du es auch doof, wenn du mit deinem Freund verabredet bist und er die ganze Zeit am Handy mit anderen quasselt? Schließlich wolltet ihr doch Zeit miteinander verbringen. Wer sich so benimmt, macht sich schnell unbeliebt. Denn wer hat schon Lust, sich die ganze Zeit überflüssig zu fühlen, weil anscheinend alle anderen erst einmal wichtiger sind? Deshalb gilt: Handy aus und lieber mit dem anwesenden Freund unterhalten.

Handyfreie Zonen
Es gibt Orte, an denen ist das Telefonieren mit dem Handy grundsätzlich verboten. Dazu gehören Krankenhäuser, Arztpraxen, Tankstellen und Flugzeuge. Bei Letzteren besteht die Befürchtung, dass die elektromagnetischen Felder Störungen an der Steuerung verursachen könnten. An anderen Orten hat die Benutzung des Mobiltelefons zwar keine technischen Ausfälle zur Folge, wird aber als grob unhöflich gewertet. Dazu gehören Friedhöfe, Kirchen, Theater, Kinos, Konzert- und Vortragssäle. Im Restaurant und im Unterricht solltest du es ebenfalls ausschalten.

Telefonierst du in der Öffentlichkeit damit, ist es besser, wenn du dich kurzfasst und nur das Wesentliche besprichst. Denn erstens geht es niemanden etwas an, ob die Neue in der Klasse blöd oder der Turnlehrer süß ist, und zweitens wollen die meisten Menschen gar nicht ungefragt Zeuge von Gesprächen anderer werden.
Zum Telefonieren gibt es günstige und weniger günstige Zeiten. Nach 20 Uhr solltest du niemanden mehr anrufen. Viele Menschen sind dann entweder

Tolle Technik: Kommunikation und Unterhaltung

Nuschler und Namenlose
Ist es dir auch schon einmal passiert, dass du jemanden anrufen wolltest und dann nicht verstanden hast, wer sich am anderen Ende gemeldet hat? Diese Situation ist dann oft ein bisschen unangenehm und obendrein unnötig, weil du erst nachfragen musst, wer dran ist. Es wäre prima, wenn derjenige, der angerufen wird, sich deutlich mit seinem Namen meldet. Wie gehst du selbst ans Telefon?

Korrekt ist es, wenn du dich mit deinem vollständigen Namen meldest. Du heißt bestimmt nicht „Hallo", also melde dich auch mit deinem Vor- und Nachnamen, zum Beispiel „Merle Busch, guten Tag". Erst dann nennt der Anrufer seinen Namen und sein Anliegen. Der Vorname ist wichtig, weil sich in Familien die Stimmen manchmal sehr ähnlich anhören. Wenn du zum Beispiel wie deine Mutter oder dein Bruder klingst, kann es passieren, dass der Anrufer dir gleich eine Geschichte erzählt, die eigentlich gar nicht für dich bestimmt ist. Das Missverständnis dann aufzuklären, kostet Zeit und kann mitunter auch ganz schön peinlich für beide sein.

müde, wollen mit der Familie in Ruhe Abendbrot essen oder die Nachrichten sehen. Um sechs Uhr morgens ist es für die meisten zu früh und sie wollen noch schlafen. Einige halten auch von 13 bis 15 Uhr Mittagsruhe. Die besten Zeiten sind von neun Uhr bis 13 Uhr und dann ab 15 Uhr bis 20 Uhr. Natürlich gibt es Ausnahmen. Willst du einen Tisch in einem Restaurant reservieren, um deine Eltern zu überraschen, kannst du die Öffnungszeiten des Lokals als Orientierung nehmen.

77

Tolle Technik: Kommunikation und Unterhaltung

Wichtig ist auch, dass du deutlich sprichst. Mit vollem Mund oder mit Kaugummi bist du wahrscheinlich genauso schlecht zu verstehen wie beim Zähneputzen. Bevor du zum Hörer greifst, schluckst du besser herunter oder nimmst den Kaugummi heraus. Auch wer sehr leise spricht, muss sich die Nachfrage, wer denn dran sei, öfter gefallen lassen.

Wirst du angerufen und sollst etwas für deine Eltern ausrichten, hast den Namen aber nicht richtig verstanden, bitte darum, dass er wiederholt wird. Verstehst du ihn dann immer noch nicht, lässt du ihn dir am besten buchstabieren. Das braucht dir nicht unangenehm zu sein. Manche Menschen haben einen komplizierten Nachnamen oder wissen, dass sie undeutlich sprechen. Sie sind mehrfache Nachfragen dann meistens gewohnt.

SMS und Anrufbeantworter
Wenn du ein Handy hast, schreibst du wahrscheinlich auch gern SMS. Diese kleinen Nachrichten sind sehr praktisch, wenn es schnell gehen soll und eine kurze Nachricht völlig ausreichend ist. Es ist auch nicht wichtig, ob der andere gerade erreichbar ist, eine Mitteilung kannst du trotzdem schon einmal loswerden. Doch auch bei der Nutzung der Kurznachrichten gibt es einiges zu beachten, damit andere sich nicht belästigt oder sogar gekränkt und beleidigt fühlen.

Generell gilt: Überall dort, wo eine Handynutzung nicht erwünscht oder verboten ist, solltest du auf das Empfangen und Schreiben von SMS verzichten. Unhöflich ist es auch, wenn du mit anderen im Gespräch bist und zwischendurch nachsiehst, ob eine Nachricht gekommen ist. Der Blickkontakt zu deinem Gesprächspartner sollte immer aufrechterhalten werden. Noch schlechter benimmt sich nur, wer dann im Gespräch auch noch auf die eingegangene Nachricht antwortet.

Fallbeispiel

Jenny bekommt zu Hause einen Anruf für ihren Vater. Sie wird gebeten, ihn über die Verschiebung eines Liefertermins zu informieren.

Richtig wäre:

Jenny meldet sich mit ihrem vollen Namen am Telefon. Da ihr Vater gerade nicht da ist, verspricht sie, die Nachricht weiterzuleiten. Sie notiert den Namen und die Firma des Anrufers, den neuen Liefertermin und eine Telefonnummer für Rückfragen. Schließlich will sie nicht, dass ihr Vater später nach der falschen Person fragt oder sogar in der falschen Firma anruft. Ihr Vater findet später am Abend die Notiz und freut sich darüber, dass seine Tochter so klug war, sich eine Telefonnummer geben zu lassen. Jetzt kann er gleich morgen früh den neuen Termin abstimmen.

Falsch wäre:

Als das Telefon klingelt, ist Jenny mitten im Spiel und hat wenig Lust, an den Apparat zu gehen. Doch ihr Vater hat ihr aufgetragen, die Anrufe entgegenzunehmen, solange er weg ist. Sie hört nur mit halbem Ohr, was der Anrufer zu sagen hat, und notiert sich nichts. Die paar Informationen wird sie sich auch so merken können. Als ihr Vater nach Hause kommt und sie nach Telefonaten fragt, fällt ihr weder der genaue Liefertermin noch die Telefonnummer ein. Ihr Vater ist wütend. Jetzt muss er im Telefonbuch nach der Nummer suchen, um den richtigen Termin zu erfahren.

Es spricht grundsätzlich nichts dagegen, in geschlossenen Räumen, im Zug oder im Bus – sofern es nicht ausdrücklich verboten ist – eine SMS zu versenden. Beachte aber, dass die Tastentöne dabei ausgeschaltet sind. Denn auch leise Töne können auf die Dauer ziemlich nerven.

Verwende beim Schreiben nur Abkürzungen, die der Empfänger auch kennt. Kurze, abgehackte Mitteilungen können auf andere sehr unhöflich wirken und schnell kann es zu Missverständnissen kommen. Wenn deine Nachricht ohne Abkürzungen für eine SMS zu lang ist, rufst du den Betreffenden am besten an. Immerhin steht SMS für Short Message Service, also für eine kurze Nachricht. Sie sollte nicht aus mehreren Teilen bestehen.

Übrigens: Schlechte Nachrichten sollten niemals per SMS überbracht werden. Es gehört zum guten Ton, dass schlimme oder traurige Mitteilungen persönlich übermittelt werden. Wer der besten Freundin eine SMS schickt, um die Freundschaft mit ihr zu beenden, ist auch ganz schnell bei anderen unten durch.

Für die perfekte Benutzung von Anrufbeantwortern kannst du dich an den Regeln für das Telefonieren orientieren. Sprichst du eine Nachricht darauf, nennst du deinen Namen, dein Anliegen und hinterlässt bei Bedarf eine Nummer, unter der du zu erreichen bist. Sprich deutlich und langsam und wiederhole deine Telefonnummer noch einmal, damit sie gut notiert werden kann.

Einige Anrufbeantworter haben eine Begrenzung für die Nachrichtendauer. Es kann dir also passieren, dass sich das Gerät nach einer Minute abschaltet, obwohl du noch gar nicht alles gesagt hast. Überlege dir deshalb am besten vorher, was du sagen willst, und fasse dich kurz.

Auf einen Blick
- Schalte dein Handy aus, wenn es gewünscht wird.
- Melde dich am Telefon immer mit deinem vollständigen Namen.
- Schlechte Nachrichten werden auf keinen Fall per SMS überbracht.

Tolle Technik: Kommunikation und Unterhaltung

Das fetzt im Netz – E-Mail und Chat

Bevor es E-Mails gab, musste man auf die Antwort einer versendeten Nachricht schon einmal ein paar Tage warten. So lange dauert es nämlich, bis ein Brief den Empfänger erreicht und eine Antwort auf den Weg geschickt werden kann. Das ist mit den technischen Möglichkeiten heute in wesentlich weniger Zeit möglich. Leider führt genau diese Schnelligkeit immer wieder zu Schlampereien in Bezug auf den schriftlichen Ausdruck. Doch wie geht es richtig?

E-Mails
Stell dir einfach vor, du würdest einen offiziellen Brief schreiben. Hierbei verwendest du eine passende Anrede, achtest auf die korrekte Rechtschreibung und Grammatik, duzt keine Personen, die du sonst nur siezen würdest, schreibst die Wörter aus, verabschiedest dich mit einem Gruß, klebst den Brief zu, damit ihn nicht alle lesen können, und adressierst ihn sorgfältig. Wenn du jetzt bei deinen E-Mails diese Dinge genauso machst, ist es schon fast perfekt.

Wichtig ist auch, dass du den Betreff gut formulierst, damit der Empfänger gleich weiß, worum es geht. Ein „Hallo" ist dabei genauso wenig aussagekräftig wie eine vollständig fehlende Betreffzeile. Anhänge sollten nicht zu groß sein, damit die Mailbox des Empfängers nicht unnötig belastet wird. Wörter nur in Kleinbuchstaben zu schreiben, ist nicht nur sehr leseunfreundlich; es wirkt auch so, als sei der Schreiber einfach zu faul, um sich Gedanken über die richtige Groß- und Kleinschreibung zu machen. Verwendest du dagegen nur Großbuchstaben, scheint es, als würdest du den anderen anschreien.

Smileys und andere sogenannte Emoticons kannst du selbstverständlich in Mails an deine Freunde verwenden, in offiziellieren Schreiben haben sie aber nichts zu suchen. Überhaupt ist es mit Ironie oder witzigen Bemerkungen in E-Mails so eine Sache: Da die dazugehörige Gestik und Mimik fehlen, kommt es häufiger zu Missverständnissen. Wenn du befürchtest, hinterher erklären zu müssen, was du eigentlich gemeint hast, verzichtest du besser gleich darauf.

Gib E-Mail-Adressen deiner Freunde und Bekannten nur weiter, wenn du auch die Erlaubnis dazu bekommen hast. Denn genauso ärgerlich wie der mit Werbung verstopfte Briefkasten an der Haustür ist das zugemüllte Mailfach. Außerdem steigt das Risiko, dass sich Viren unbemerkt auf dem Rechner ausbreiten, wenn der Absender nicht bekannt ist.

Erwarte nicht, dass du gleich eine Antwort auf deine E-Mails bekommst. Sie werden zwar sehr schnell zugestellt, das heißt aber noch nicht, dass der Empfänger auch sofort Zeit hat, sie zu lesen und zu beantworten. Nicht jeder sitzt den ganzen Tag vor dem PC oder unterbricht für eine Antwort sofort seine Arbeit. Gute Manieren beweist, wer sich dann in Geduld übt und eine angemessene Frist zur Beantwortung verstreichen lässt. Ist deine E-Mail sehr dringlich, kannst du eher mit einer Antwort rechnen, als wenn es sich nur um einen allgemeinen Gruß gehandelt hat. Die E-Mail zu verschicken und direkt danach den anderen anzurufen, ob sie auch angekommen ist, wirkt sehr unhöflich. Niemand hat es schließlich gern, wenn er unter Druck gesetzt wird.

Tolle Technik: Kommunikation und Unterhaltung

Bei besonders wichtigen Anlässen solltest du ganz auf den Einsatz von E-Mails verzichten. Dies betrifft vor allem Kondolenzschreiben oder offizielle Glückwünsche. Bei Todesfällen, wichtigen Jubiläen und Hochzeiten ist ein handgeschriebener Brief auf jeden Fall vorzuziehen.

Chatten

Viele Chatrooms haben eigene Vorschriften, an die sich der Nutzer zu halten hat. Wer dagegen verstößt, fliegt raus und wird gesperrt. In fast allen Chats gelten jedoch ein paar Grundvereinbarungen wie diese:

Der Umgangston ist höflich. Wer andere beleidigt, generell mit Schimpfwörtern um sich schmeißt und flucht, ist auch im Chat kein angenehmer Gesprächspartner. Wenn du einen Chatroom betrittst, solltest du „Hallo" sagen und eine nette Verabschiedung hat auch noch nie geschadet. Ansonsten liegst du richtig, wenn du dich so verhältst, wie du es auch außerhalb des Netzes machst. Die anderen ausreden lassen, nicht drängeln oder sich aufdrängen und Hilfe anbieten, wo es nötig ist, das zeichnet einen guten Chatter aus.

Doch sei auch nicht zu vertrauensselig. Benutze nie deinen richtigen Namen und gib deine Adresse oder Telefonnummer nicht heraus. Verabrede dich nicht mit Leuten, die du nicht kennst. Gehe nie allein zu Treffen! Nicht jeder ist in Wirklichkeit so nett, wie er schreibt.

Auf einen Blick
- Gib dir bei E-Mails genauso viel Mühe wie mit einem handgeschriebenen Brief.
- Eine E-Mail ist nicht für alle Informationen gleich gut geeignet.
- Achte auch beim Chatten auf gute Umgangsformen.

Nostalgie pur – Brief und Postkarte

Klar, eine E-Mail oder eine SMS zu schicken, geht unschlagbar schnell. Das ist modern und jeder macht es so. Doch manchmal ist es eben schöner, altmodisch zu sein und sich damit auch ein wenig von den anderen zu

83

Tolle Technik: Kommunikation und Unterhaltung

unterscheiden. Einen Liebesbrief zu schreiben oder sogar einen zu bekommen, ist auf Papier gleich noch einmal so toll. Ansichtskarten aus dem Urlaub zu verschicken, ist für viele Menschen eine reine Pflichtangelegenheit. Andererseits freut sich aber fast jeder, wenn er eine bekommt. Und Jahre später sind sie oft eine schöne Erinnerung. Wann hast du das letzte Mal einen Brief oder eine Karte geschrieben?

Zu besonderen Anlässen ist es viel schöner, einen Brief oder eine Karte zu versenden. Hochzeiten, wichtige Jubiläen und Geburtstage, Beileidsschreiben und Danksagungen sollten auf jeden Fall in Papierform versendet werden. Am schönsten ist es natürlich, wenn die Nachricht dann auch noch von Hand und mit Tinte geschrieben ist. Manchmal ist die Anzahl der Schreiben jedoch so groß, dass es viel schneller und einfacher geht, sie drucken zu lassen. Das ist dann natürlich erlaubt.

Auf einen Blick
- Liebesbriefe auf Papier sind schöner als eine SMS.
- Die Rechtschreibung sollte bei jeder schriftlichen Mitteilung stimmen.
- Auf eine Karte gehören nur Nachrichten, die von jedem gelesen werden dürfen.

Früher galt es als schlechter Stil, wenn ein Brief mit „ich" anfing. Inzwischen wird das nicht mehr so eng gesehen. Hauptsache, du beginnst nicht jeden Satz auf diese Art. Achte darauf, dass der Text gleichmäßig über die Seite verteilt ist, die Rechtschreibung stimmt und keine Kleckse auf dem Papier sind. Das Datum sollte genauso wenig fehlen wie ein freundlicher Schluss mit Grüßen.

Tolle Technik: Kommunikation und Unterhaltung

Auf einer Karte ist der Platz für Nachrichten sehr begrenzt. An Höflichkeit sollte es trotzdem nicht fehlen und eine Anrede muss auch hier sein. Da die Karte in der Regel von jedem gelesen werden kann, wenn sie nicht in einem Umschlag versandt wird, ist sie für sehr private Dinge und Geheimnisse nicht geeignet. Alles, was du in der Öffentlichkeit nicht erzählen würdest, solltest du auch nicht auf eine Karte schreiben.

Beschallung für alle?

Musik zu hören ist heute auch unterwegs problemlos möglich. Du brauchst dazu keine großen Geräte mehr, ein Handy oder ein MP3-Player reichen völlig aus. Schnell die Kopfhörer aufgesetzt und schon kann es losgehen. Da die meisten Menschen selbst gern Musik hören, dürfte das keine Probleme geben, oder? Weit gefehlt. Die Geschmäcker sind bekanntlich verschieden und können in puncto Musik sehr weit auseinandergehen. Nicht nur zwischen Techno, Hip-Hop und Schlager liegen Welten. Deshalb sind Toleranz und gegenseitige Rücksichtnahme besonders gefragt.

Bist du allein in deinem Zimmer, stört es sicher niemanden, wenn du über Kopfhörer laut Musik hörst. Anders sieht es dagegen aus, wenn du zum Beispiel mit öffentlichen Verkehrsmitteln unterwegs bist. Höflich ist hier, die Lautstärke so weit herunterzudrehen, dass sich die anderen Fahrgäste von deiner Musik nicht belästigt fühlen. Für tragbare DVD-Geräte gilt diese Regel übrigens genauso. Bist du in Gesellschaft, ist es generell unhöflich, Kopfhörer auf den Ohren zu haben. Damit kapselst du dich ab und signalisierst den anderen, dass du kein Interesse an ihnen hast.

Auf einen Blick
- Nicht jeder mag dieselbe Musik.
- Auch bei der Benutzung von Kopfhörern ist auf die Lautstärke zu achten.
- In Gesellschaft schaltet man Abspielgeräte aus.

Moritz sitzt im Zug und hört dabei Musik. Der Mann neben ihm macht ihn darauf aufmerksam, dass die Musik sehr laut ist.

Richtig wäre:

Moritz entschuldigt sich und bedankt sich für den Hinweis. Er stellt die Musik leiser. Der Mann neben ihm ist über Moritz' Verhalten sehr erfreut. Oft kommt es nicht vor, dass sich ein Kind dafür bedankt, dass es auf ein Fehlverhalten hingewiesen wurde. Die meisten reagieren sehr ablehnend oder überhaupt nicht. Manchmal wurde er auch schon angepöbelt. Als er ein paar Stationen später aussteigt, verabschiedet er sich von Moritz: „Auf Wiedersehen. Und vielen Dank dafür, dass du deine Musik leiser gestellt hast. Das war sehr nett von dir."

Falsch wäre:

Moritz reagiert erst einmal gar nicht. Er versteht sowieso nicht, wieso der Mann sich aufregt. Immerhin hat Moritz Kopfhörer auf. Als der Mann sich noch einmal beschwert, reicht es Moritz. Ohne auch nur die Kopfhörer abzunehmen, dreht er sich zu ihm um und sagt laut: „Wenn Ihnen meine Musik nicht passt, können Sie sich ja woanders hinsetzen." Da der Mann sowieso bald aussteigen will, erträgt er den Lärm weiter. Er denkt: „Schade, mit so einem rücksichtslosen Verhalten wird der Junge es später einmal sehr schwer haben."

Knigge-Quiz

Wenn du das vorangegangene Kapitel aufmerksam gelesen hast, fallen dir die Antworten auf die Fragen sicher leicht. Was weißt du noch?

1. Du hast die Hausaufgaben vergessen und willst deswegen schnell noch deine Freundin anrufen. Wann rufst du an?

- ☐ a) Um neun Uhr abends. Eben dann, wenn es mir einfällt.
- ☐ b) Gleich am Morgen, so um sieben Uhr
- ☐ c) Heute lieber nicht mehr, weil es schon nach acht Uhr abends ist.

2. Du hast zur Konfirmation beziehungsweise Kommunion ganz viele tolle Geschenke bekommen. Wie bedankst du dich?

- ☐ a) Ich schicke an jeden einen netten Dankesbrief.
- ☐ b) Gar nicht. Geschenke zur Konfirmation beziehungsweise Kommunion sind schließlich selbstverständlich.
- ☐ c) Wer ein Handy hat, bekommt von mir eine SMS.

3. Du wirst im Chatroom von einem neuen Teilnehmer um deine Adresse gebeten. Was tust du?

- ☐ a) Ich gebe sie ihm, wenn er mir auch seine Adresse verrät.
- ☐ b) Ich biete ihm stattdessen meine Telefonnummer an.
- ☐ c) Ich gebe meine Adresse nicht weiter.

4. Du sitzt mit deinen Großeltern im Eiscafé. Das Piepen deines Handys zeigt an, dass eine neue SMS gekommen ist. Was machst du?

- ☐ a) Ich lese die SMS sofort und antworte schnell.
- ☐ b) Ich stelle das Handy aus und entschuldige mich.
- ☐ c) Ich stehe vom Tisch auf und rufe von draußen zurück.

Unterwegs – ganz nah

Wenn viele Menschen in der Öffentlichkeit zusammenkommen, ist gegenseitige Rücksichtnahme ein Muss. Denkt jeder nur an sich, hat das chaotische Zustände zur Folge. Stell dir vor, im Supermarkt reiht sich niemand mehr hinter dir in die Schlange, sondern drängelt sich so weit vor, wie es geht. Im Freibad werden deine Sachen beiseitegeschoben, weil jemand deinen Platz haben will, und auf der Rolltreppe lässt man dich links nicht vorbei, obwohl du in Eile bist und darum gebeten hast. Es gibt viele solcher Situationen, die besonders ärgerlich und völlig unnötig sind. Mit ein bisschen mehr Respekt und Rücksicht wäre das Leben für alle einfacher und erfreulicher.

Fährst du mit dem Bus oder der Bahn zur Schule? Bist du häufig mit dem Fahrrad oder Roller unterwegs? Da deine Eltern dich kaum jedes Mal begleiten werden, ist es wichtig, dass du selbst weißt, wie du dich im Straßenverkehr und der Öffentlichkeit am besten benimmst.

Mit Bus und Bahn

Öffentliche Verkehrsmittel sind häufig eng und voll. Die Mitfahrenden kann man sich nicht aussuchen, die Sitznachbarn meistens auch nicht. Es gibt nicht einmal einen Anspruch auf einen Sitzplatz und das ist vielleicht auch der Grund, warum es beim Einsteigen immer wieder zu Drängeleien und Schubsereien kommt. Schneller verläuft das Einsteigen dadurch nicht. Bereits an der Bushaltestelle oder am Bahnsteig den Kampf um den besten Einstiegsplatz zu führen, zeugt nicht nur von schlechtem Benehmen, son-

Unterwegs – ganz nah

dern ist auch gefährlich. Denn schnell kann es passieren, dass ein Mensch dabei versehentlich vor den Bus oder die Bahn gestoßen wird. Deshalb gilt: An Haltestellen wird nicht gedrängelt! Zuerst dürfen alle Personen in Ruhe aussteigen, dann steigt man ein. Darf der Bus nur von vorn betreten werden, wartest du, bis du an der Reihe bist, und gehst dann zügig nach hinten durch. So entsteht im Eingangsbereich kein Stau.

Hast du einen Sitzplatz gefunden, setzt du dich ruhig hin. Für die anderen Fahrgäste ist es nämlich nicht angenehm, wenn ihre Sitze mitwackeln, weil du dich schwungvoll fallen lässt. Manche Schulbusse oder Regionalbahnen haben verstellbare Rückenlehnen. Das ist komfortabel, und wenn du länger unterwegs bist, kannst du es dir richtig bequem machen. Allerdings solltest du darauf achten, ob jemand hinter dir sitzt. Ohne jegliche Vorwarnung die Sitzlehne schwungvoll nach hinten zu stellen, hat schon manchen Kaffeefleck oder ein gestoßenes Knie verursacht.

Gepäck wie Schulranzen oder Sporttaschen gehören zumindest in vollen Ver-

kehrsmitteln nicht auf den unbelegten Platz neben dir. Halte den Sitz frei, damit sich auch andere Personen hinsetzen können, ohne erst bei dir nachfragen zu müssen. Entweder verstaust du deine Sachen unter dem Sitz, zwischen deinen Füßen, auf dem Schoß oder im Gepäckfach über dir. Im Gang werden sie schnell zur Stolperfalle und Fahrgäste mit großen Gepäckstücken kommen nicht mehr vorbei.

Für die Füße gilt: Auch sie gehören nicht auf den Sitz. Dabei spielt es keine Rolle, ob die Schuhe an- oder ausgezogen sind. Denn es gibt auch genügend Menschen, die sich an Käsefüßen und löchrigen Socken stören.

Finden nicht alle einen Platz, ist es nett, wenn du deinen Sitz Personen anbietest, die ihn vielleicht in dem Augenblick nötiger haben als du. Das kann die alte Frau mit der schweren Einkaufstasche sein, der Mann mit dem Gipsbein oder die schwangere Frau mit dem brüllenden Kleinkind an der Hand. Niemand kann dich dazu zwingen aufzustehen. Aber ist es nicht viel schöner, ein freundliches Lächeln und ein Dankeschön zu bekommen?

Unterwegs – ganz nah

In manchen Bahnen oder Bussen ist das Essen bestimmter Speisen wie Döner, Pommes frites und Eis verboten. Doch auch in Bezug auf sonstige Nahrungsmittel solltest du rücksichtsvoll gegenüber den anderen Fahrgästen sein. Der Geruch von Brötchen mit Zwiebelmettwurst oder streng riechendem Käse ist nicht jedermanns Sache und kann dir schnell böse Blicke einbringen. Wenn du nicht darauf verzichten willst, unterwegs etwas zu essen, achte darauf, dass die Lebensmittel möglichst wenig riechen. Wenn du sie dann auch noch manierlich zu dir nimmst, ohne dich und andere zu bekleckern, spricht nichts gegen eine Zwischenmahlzeit. Selbstverständlich hinterlässt du deinen Sitzplatz beim Aussteigen sauber und nimmst deinen Müll mit.

Laute Unterhaltungen mit den Klassenkameraden quer durch den Waggon sind für andere Fahrgäste ebenso störend wie laute Musik oder das Ausprobieren neuer Handyklingeltöne. Das heißt nicht, dass du dich nicht unterhalten darfst. Sitzt dein Freund neben dir und ihr müsst nicht durch den Bus oder Zug brüllen, ist das völlig in Ordnung.

Auf einen Blick
- Erst aussteigen lassen, dann einsteigen.
- Sitze mit Gepäck zu blockieren, ist sehr unhöflich.
- Schwächeren Fahrgästen bietet man den eigenen Sitz an.

Mit Fahrrad, Skateboard oder Roller

Mit dem Fahrrad oder dem Roller unterwegs zu sein, macht Spaß. Du kommst viel schneller voran als zu Fuß und du bist vor allen Dingen auch nicht mehr darauf angewiesen, von den Eltern überall hingefahren zu werden. Na klar, dein Fahrzeug solltest du sicher beherrschen ebenso wie die wichtigsten Verkehrsregeln. Denn immer wieder kommt es zu schweren Unfällen im Straßenverkehr, an denen Kinder beteiligt sind. Schau also lieber zweimal, bevor du die Straße überquerst, verlass dich nicht hundertprozentig darauf, dass Autos für dich anhalten, und nimm bitte auch selbst Rücksicht auf andere.

Fallbeispiel

Miriam sitzt im Bus und ist auf dem Weg nach Hause. Ihren Rucksack hat sie auf den Sitz neben sich gestellt.

Richtig wäre:

An der letzten Haltestelle ist der Bus richtig voll geworden. Miriam hatte aus dem Fenster gesehen und das gar nicht so richtig mitbekommen. Plötzlich wird sie von einer Frau gefragt, ob der Platz neben ihr noch frei ist. Schnell nimmt sie den Rucksack auf den Schoß und macht den Sitz frei. Sie entschuldigt sich bei der Frau. Diese setzt sich und ist positiv überrascht. „Es kommt nicht häufig vor, dass sich ein Kind entschuldigt, weil es nicht gemerkt hat, dass der Sitzplatz benötigt wird. So ein höfliches Mädchen", denkt sie und hat den Rest der Fahrt gute Laune.

Falsch wäre:

Als sie merkt, dass der Bus voll wird, schaut Miriam angestrengt aus dem Fenster. Sie hofft, dass sich niemand auf den freien Platz setzen möchte. Als sie von einer Frau angesprochen wird, tut sie erst einmal so, als hätte sie nichts gehört. Doch die Frau bleibt hartnäckig und sie muss reagieren. „Sieht das nach einem freien Platz aus?", blafft sie unfreundlich. Die Frau ist so verdutzt, dass sie einfach weitergeht, um woanders nach einem Sitzplatz zu sehen. Hinterher denkt sie: „So ein unverschämtes Mädchen! Hoffentlich bringt ihm mal jemand richtige Manieren bei."

Unterwegs – ganz nah

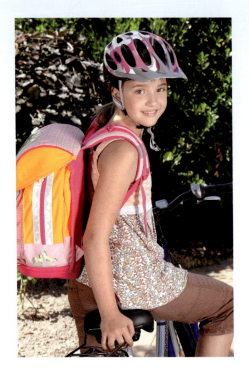

Fußgänger haben immer Vorrang vor Personen, die mit Fahrzeugen unterwegs sind. Ganz gleich, ob es sich dabei um ein Fahrrad, Inlineskates oder ein Skateboard handelt.

Denn mit einem Fahrzeug bist du viel schneller unterwegs als ein Fußgänger und hast die Verantwortung dafür, rechtzeitig auszuweichen oder zu stoppen. Gerade ältere Menschen können nicht mehr so schnell reagieren und erschrecken unter Umständen heftig, wenn du zu dicht an ihnen vorbeibraust. Halte deshalb immer genügend Abstand zu anderen Personen, kündige dein Kommen rechtzeitig durch Klingeln an und steige ab, wenn es zu eng wird.

Kinder müssen bis zum Alter von acht Jahren auf dem Gehweg fahren. Bis sie zehn Jahre alt sind, müssen sie das zwar nicht mehr, dürfen es aber noch weiterhin. Das bedeutet für dich selbst ein größeres Maß an Sicherheit, da du auf dem Bürgersteig weitestgehend vor den Autos geschützt bist. Auf der anderen Seite erfordert es von dir aber auch eine gehörige Portion Rücksichtnahme auf diejenigen, mit denen du dir den Fußweg teilst. Die wichtigste Regel in diesem Zusammenhang lautet:

In Fußgängerzonen ist es verboten mit dem Rad zu fahren. Dort solltest du dein Rad auf jeden Fall schieben. Ebenso verhält es sich, wenn du die Straßenseite wechselst. Natürlich sollten dir auch die wichtigsten Verkehrsregeln und -zeichen bekannt sein. An roten Ampeln hältst du an und wartest das grüne Zeichen ab, bis du weiterfährst. Leider halten sich auch nicht immer alle Erwachsenen an diese Regel. Das sollte dir jedoch keinen Vor-

Unterwegs – ganz nah

wand liefern, ebenfalls dagegen zu verstoßen. Bei Rot über die Straße zu gehen oder zu fahren, ist und bleibt gefährlich. Am besten überquerst du Straßen nur an gesicherten Übergängen wie Ampeln oder Zebrastreifen.

Für deine Sicherheit ist es außerdem wichtig, dass du die Geräusche um dich herum auch wahrnehmen kannst. Das bedeutet: keine Kopfhörer mit der neuesten Musik im Ohr und keine Telefonate mit dem Handy während der Fahrt. Das verstößt nämlich gegen die Straßenverkehrsordnung und wird von der Polizei mit einer Geldstrafe geahndet. Außerdem kannst du damit Rufe und Warnungen nicht rechtzeitig oder gar nicht hören und vom Straßenverkehr wirst du zu sehr abgelenkt. Deshalb lauschst du der Musik oder dem neuen Hörbuch besser zu Hause in aller Ruhe. Und Telefonieren ist nur erlaubt, wenn du kurz anhältst und vom Fahrrad absteigst.

Auf einen Blick
- Fußgänger haben Vorrang.
- Wird es zu eng, steigst du besser ab.
- Kopfhörer und Handy haben auf dem Rad absolut nichts zu suchen.

Fallbeispiel

Julius hat zum Geburtstag ein neues Fahrrad bekommen. Das will er natürlich gleich ausprobieren.

Richtig wäre:

Er testet erst einmal auf dem Grundstück, wie er mit dem neuen Fahrrad zurechtkommt. Dabei stellt er fest, dass der Sattel zu hoch ist. Als alles perfekt eingestellt ist, probiert er die ersten Runden auf dem Bürgersteig. Stolz radelt er auf und ab. Als er seine Nachbarin vor sich auf dem Gehweg sieht, klingelt er und fährt dann langsam an ihr vorbei. „Sie erschrickt immer so leicht, da muss ich ein bisschen aufpassen", denkt er. „Guten Tag, Frau Bloom, ich habe ein neues Fahrrad", ruft er ihr zu und strampelt munter weiter. Als die Nachbarin Julius erkennt, lächelt sie und grüßt freundlich zurück.

Falsch wäre:

Julius kann es gar nicht abwarten und schwingt sich gleich auf das neue Rad. Schon ist er auf dem Bürgersteig unterwegs und düst mit hohem Tempo auf und ab. Plötzlich tritt die Nachbarin vom Haus auf den Gehweg und erschrickt fürchterlich, als der Junge wild an ihr vorbeisaust. Ärgerlich ruft sie ihm etwas hinterher. Julius kann die Aufregung gar nicht verstehen. „Ja sicher, fast hätte es einen Zusammenstoß gegeben. Aber eben nur fast. Ist ja noch einmal gut gegangen. Schließlich darf ich auf dem Fußweg fahren. Da müssen die anderen eben auch ein bisschen besser aufpassen."

Knigge-Quiz

Wenn du das vorangegangene Kapitel aufmerksam gelesen hast, fallen dir die Antworten auf die Fragen sicher leicht. Was weißt du noch?

1. Du bist mit dem Rad unterwegs und kommst in eine Fußgängerzone. Was machst du?

☐ a) Ich fahre ganz langsam weiter.
☐ b) Ich beeile mich, schnell hindurchzukommen.
☐ c) Ich steige ab und schiebe mein Rad.

2. Was ist während des Fahrradfahrens nicht erlaubt?

☐ a) Singen
☐ b) Musik hören und telefonieren
☐ c) Klingeln

3. Was musst du im Straßenverkehr beachten?

☐ a) Nichts. Die anderen Verkehrsteilnehmer müssen aufpassen.
☐ b) Mit dem Fahrrad habe ich überall Vorfahrt.
☐ c) Auch ich muss alle Regeln beachten und sollte zusätzlich lieber zweimal schauen.

4. Der Bus kommt und du stehst mit deinen Freunden und einer Menge anderer Menschen schon bereit. Die Tür geht auf. Was machst du?

☐ a) Ich quetsche mich durch die Tür, um schnell einen Platz zu ergattern.
☐ b) Ich warte, bis die anderen Fahrgäste ausgestiegen sind, und steige erst dann ein.
☐ c) Ich drängle mich nach vorn und besetze die anderen Plätze für meine Freunde.

5. Nach der Schule hast du großen Hunger und holst dir schnell noch etwas zu essen für unterwegs. Was eignet sich besonders für die Bus- oder Bahnfahrt?

☐ a) Ein Wurstbrot
☐ b) Ein Stück Pizza
☐ c) Ein Hamburger

Unterwegs – ganz fern

Die meisten Menschen verreisen gern. Nicht nur an den Baggersee oder in den nächsten Freizeitpark, sondern auch mit Freude in andere Länder. Reisen ist heutzutage sehr einfach und viele Menschen leisten sich wenigstens einmal im Jahr einen Urlaub. Wie weit sie wegfahren, hängt dabei zum einen vom persönlichen Geschmack und dann natürlich auch von den finanziellen Mitteln ab.

Früher war das Reisen dagegen sehr beschwerlich und die Möglichkeiten dazu hatte nicht jeder. Sich tage- oder gar wochenlang in Kutschen durchschütteln zu lassen, war nicht gerade ein Vergnügen und gereist wurde in aller Regel nur, wenn die Geschäfte es erforderten. Reisen um der Bildung willen blieb Forschern, Entdeckern und gelangweilten Reichen, die ihren Lebensunterhalt nicht verdienen mussten, vorbehalten. Heute steht den meisten Bewohnern Europas die Welt zur Entdeckung offen und unüberwindbare Entfernungen gibt es nicht mehr. Nur ein paar Stunden Flugzeit trennen uns von anderen Kontinenten. Mit dem Auto oder mit der Bahn sind wir innerhalb weniger Stunden bereits im Nachbarland und wem das alles zu schnell geht, der kann ein Schiff besteigen und etwas gemächlicher reisen.

„Wenn einer eine Reise tut, dann kann er was erzählen", lautet ein bekannter Spruch. Und es ist wahr: Unterwegs können dir interessante Dinge und Menschen begegnen. Andere Sprachen, Kulturen und Verhaltensweisen sind aber nicht nur spannend. Sie können auch sehr verwirrend sein und rasch zu Missverständnissen führen. Deshalb informieren Reiseführer nicht nur über Sehenswürdigkeiten und Einkaufsmöglichkeiten, sondern auch über kulturelle Unterschiede und angemessene Verhaltensweisen. Als Gast in einem fremden Land solltest du besonders höflich und rücksichtsvoll sein. Deshalb ist es gut, die Regeln zu kennen,

Unterwegs – ganz fern

die in dem Reiseland herrschen. Einige unterscheiden sich deutlich von denen, die bei uns ganz selbstverständlich sind. Doch die Schwierigkeiten können auch schon auf dem Weg dorthin anfangen.

Im Flugzeug und auf dem Schiff

Bist du schon einmal mit dem Flugzeug verreist? Oder mit dem Schiff? Und hast du jederzeit gewusst, wie du dich benehmen solltest? Wer das erste Mal fliegt, ist einer verwirrenden Anzahl von Regeln ausgesetzt, die befolgt werden sollten. Hier sind die wichtigsten:

Im Flugzeug
Bevor du überhaupt in das Flugzeug steigen darfst, musst du durch die Sicherheitskontrolle. Hier wird kontrolliert, ob du gefährliche Gegenstände bei dir hast. Auch wenn dir einige Fragen vielleicht albern vorkommen, solltest du das besser für dich behalten. Einige Sicherheitsbeamte sind in der Hinsicht absolut humorlos und verstehen keinen Spaß. Schlechte Scherze, zum Beispiel über Bomben in der Tasche, führen inzwischen immer häufiger zu langen Verspätungen wegen verstärkter Kontrollen. Verpasste Flüge, Verhöre und empfindliche Strafen gehören doch ganz sicher nicht zu den Vergnügungen eines Urlaubs.

Sicherlich wirst du im Flugzeug neben oder in der Nähe deiner Eltern sitzen. Wollt ihr jedoch einen bestimmten Platz haben, zum Beispiel am Fenster, müsst ihr das bereits am Check-in angeben. Hinterher ist eine Platzänderung meist nicht mehr möglich und ihr müsst euch auf die euch zugewiesenen Sitze setzen. Den Inhaber eines Fensterplatzes zu bedrängen, ist nicht nur unhöflich und aufdringlich, sondern meistens auch völlig vergebens. Schließlich wird jeder Passagier vorab gefragt, wo er sitzen möchte. Du kannst also davon ausgehen, dass dieser Fluggast ebenfalls gern am Fenster den Flug genießen will.

Sitzt du neben einem Passagier, den du nicht kennst, gehört es zum guten Ton, ihn zu grüßen. Da der Platz im Flieger meistens sehr begrenzt ist, wird jeder Mitreisende für ein gewisses Maß an gegenseitiger Rücksichtnahme dankbar sein. Dazu gehört:

Unterwegs – ganz fern

Kämpfe nicht verbissen um die Armlehnen. Höflich ist es, die Armlehnen dem in der Mitte sitzenden Reisenden zuzugestehen, da hier am wenigsten Platz ist. Außerdem verfügen die Außenplätze wenigstens über eine eigene Armlehne. Willst du aufstehen, so achte darauf, dass du dich nicht an der Lehne deines Vordermanns hochziehst. Sonst wird dieser zu sehr durchgeschüttelt. Vermeide es ebenfalls, den Tisch ständig hoch- und herunterzuklappen. Auch dadurch wird der Vordermann unnötig gestört und um seine Ruhe gebracht.

Aufstehen kannst du grundsätzlich, wenn der Flug ruhig ist und keine Anschnallpflicht mehr besteht. Beachte aber, dass der Gang sehr eng ist und das Servicepersonal nicht behindert werden sollte, wenn es mit dem Getränkewagen durch die Reihen fährt. Achte außerdem darauf, dass du dich nicht jedes Mal an deinem Nachbarn vorbeidrängeln musst.

Deine Sitzlehne verstellst du möglichst langsam, sodass du das Getränk deines Hintermanns nicht versehentlich umkippst, und nur so weit, dass er

noch genügend Platz zum Sitzen hat. Wenn Essen oder Getränke serviert werden, stellst du am besten deine Lehne wieder hoch, damit auch die Person hinter dir eine Chance hat, ihr Tischchen herunterzuklappen.

Das Essen selbst stellt die nächste große Herausforderung dar. Die Menüschalen sind oft sehr heiß und die Aluminiumabdeckung lässt sich manchmal

Fallbeispiel

Fabius hat im Flugzeug einen Fensterplatz bekommen. Doch jetzt muss er erst einmal auf die Toilette.

Richtig wäre:

Er bittet seinen Sitznachbarn um Entschuldigung und wartet, bis dieser ihn vorbeilässt. Er bedankt sich und geht zur Toilette. Leider ist dort gerade besetzt. Er überlegt kurz, ob er umkehren und sich noch einmal hinsetzen soll, bis das Klo wieder frei ist. Doch dann müsste er sich noch einmal an dem Mann vorbeiquetschen. „So lange wird das schon nicht dauern", denkt er sich, und kurze Zeit später geht auch schon die Tür auf. Als sein Nachbar ihn zurückkommen sieht, steht er auf und lässt ihn auf seinen Platz. Fabius bedankt sich nochmals und freut sich den Rest des Fluges über den tollen Ausblick.

Falsch wäre:

Ohne etwas zu sagen, will Fabius sich an dem Nebenmann vorbeidrängeln. Doch dafür ist es zu eng. Der Mann muss erst aufstehen. Als er bemerkt, dass die Toilette besetzt ist, geht er zurück zu seinem Platz und der Mann muss erneut aufstehen. Kurz darauf will der Junge wieder hinaus. Als sich der Mann beschwert, versteht Fabius den Ärger nicht. „Sie können mir doch nicht verbieten, auf die Toilette zu gehen." Der Mann ist froh, als die Anschnallzeichen aufleuchten und alle auf ihren Plätzen bleiben müssen. „Endlich kann der freche Junge nicht mehr herumrennen. So etwas Rücksichtsloses!"

nur schwer abnehmen. Öffne dein Essen vorsichtig, damit du nichts verschüttest. Auch der Umgang mit Plastikbesteck auf engstem Raum will gelernt sein. Die Ellenbogen gehören dicht an den Körper, und zwar an den eigenen. Zerkleinere die Mahlzeit vorsichtig, denn was dir einmal vom Teller gesprungen ist, kannst du erst wieder aufsammeln, wenn die Tische abgeräumt sind. Außerdem ist es äußerst unangenehm, wenn du das Hemd deines Nachbarn mit Soße bekleckerst.

Ist das Flugzeug gelandet, bleibst du sitzen, bis die Anschnallzeichen erloschen sind. Gleich aufzustehen und zu drängeln nutzt sowieso nichts, solange die Türen noch geschlossen sind. Und spätestens am Gepäckband musst du ohnehin auf deinen Koffer warten.

Auf dem Schiff
Auf großen Schiffen wie Fähren oder Kreuzfahrtschiffen ist für genügend Bewegungsfreiheit gesorgt. Achte aber darauf, dass du nur die Bereiche betrittst, die für Passagiere zugelassen sind. Renne nicht durch die Gänge oder über das Deck und vermeide Lärm, wann immer du kannst.

Die Wahl der Kleidung sollte sich nach der Art des Schiffes richten. Auf einem Luxusschiff wird eine andere Garderobe als auf einer Autofähre erwartet. Am besten erkundigst du dich im Voraus, welche Bekleidung üblich ist. Deine Eltern können dir hierzu sicher etwas sagen. Zum Abendessen gibt es oft feste Plätze, während du zum Frühstück oder zum Mittagsimbiss deinen Platz frei auswählen kannst. Ansonsten gelten die gleichen Regeln wie beim Essen im Restaurant und am Buffet. Und da kennst du dich ja bereits aus.

Auf kleinen Schiffen, zum Beispiel Hausbooten, sind zwar weniger Menschen versammelt, die größere Enge macht aber einen höflichen Umgangston erst recht nötig. Eine Kleiderordnung gibt es meistens nicht. Sind deine Sachen funktionell und dem Wetter angepasst, liegst du auf jeden Fall richtig. Wildes Herumtoben kann auf Schiffen sehr gefährlich sein, weil damit das Risiko steigt, ungewollt über Bord zu gehen. Fremde Kabinen werden nur mit Erlaubnis betreten. Sorge in deiner eigenen Kabine wenigstens für ein Mindestmaß an Sauberkeit und Ordnung.

Unterwegs – ganz fern

Auf einen Blick

- In anderen Ländern können andere Regeln gelten.
- Im Flugzeug zu drängeln ist unhöflich und sinnlos.
- Auf dem Schiff orientiere ich mich in meinem Verhalten an den anderen Gästen.

In fremden Betten

Bist du auf einer längeren Reise, musst du früher oder später auch irgendwo übernachten. Dafür gibt es Hotels und Pensionen. Da die Zimmer meistens nicht sehr groß sind und oft andere Gäste die Nebenzimmer bewohnen, ist besondere Rücksichtnahme angesagt. Doch was heißt das konkret?

Stell dir einfach vor, du bist bei guten Freunden Übernachtungsgast. Dann würdest du dich wahrscheinlich auch so benehmen, dass sich niemand über dich ärgern muss und nichts kaputt-geht. Selbstverständlich würdest du auch nichts mit nach Hause nehmen, was dir nicht gehört. Wenn du dich an

diese Regeln hältst, bist du auch im Hotel ein gern gesehener Gast. Das be-deutet im Einzelnen:

Tobe nicht auf den Betten und in den Gängen herum. Fernseher und Radio solltest du auf Zimmerlautstärke ein-stellen, da manche Hotelzimmer sehr hellhörig sind und dein Nachbar wahr-scheinlich kein Interesse an deinem Programm hat. Achte darauf, dass du nichts beschädigst oder unnötig dre-ckig machst. Und wenn du wieder ab-reist, bleiben selbstverständlich alle Handtücher, Bademäntel und andere Gegenstände, die zum Hotel gehören, auch dort zurück. Die einzige Ausnahme bilden Einwegpackungen von Shampoo und Seife. Hier ist eine Mitnahme zwar ebenfalls nicht erlaubt, wird in aller Regel aber stillschweigend geduldet.

Benutzte und verschmutzte Handtücher gehören anders als zu Hause oder bei Freunden nicht wieder auf den Haken, sondern auf den Badezimmerboden. Damit weiß das Servicepersonal, dass du ein frisches Handtuch benötigst, und hängt dir ein neues hin. Achte aber bitte darauf, dass du nicht unnö-tig Dreckwäsche produzierst. Nur weil

Unterwegs – ganz fern

das Badetuch nass ist, muss es nicht gleich ausgetauscht werden. Sonst würde es nach einmaliger Benutzung in der Waschmaschine landen. Stell dir einmal vor, wie viel Waschmittel und Wasser verbraucht würden, wenn alle Hotelgäste auf der Welt jeden Tag frische Handtücher haben wollten! Das würde die Umwelt schrecklich belasten. Kannst du ein Handtuch noch einmal benutzen, hängst du es ordentlich im Bad auf.

In den meisten Hotels und Pensionen gibt es feste Essenszeiten. Diese sollten auf jeden Fall eingehalten werden. Gibt es Frühstück bis um zehn Uhr, ist es höflich, spätestens eine halbe Stunde vor Ablauf der Zeit im Speisesaal zu sein. So musst du dich nicht hetzen und auch das Personal hat genügend Zeit, deine Wünsche zu erfüllen und den Raum anschließend für das Mittagessen herzurichten. Selbstverständlich erscheinst du frisch geduscht und ordentlich angezogen. Denn mit der Jogginghose und dem zerknautschten T-Shirt bietest du den anderen Gästen vermutlich keinen appetitlichen Anblick.

Auf einen Blick
- Benimm dich im Hotel so höflich, als wärst du bei einem Freund zu Gast.
- Aus dem Hotelzimmer wird bei der Abreise nichts mitgenommen, was dir nicht wirklich gehört.
- Die Essenszeiten sind einzuhalten.

Fallbeispiel

Weil Mara ihren Badeanzug nicht gleich im Koffer finden konnte, sieht das Hotelzimmer jetzt recht wüst aus.

Richtig wäre:

Bevor Mara den Raum verlässt, räumt sie ein wenig auf. Einen Teil der Sachen packt sie schnell in den Schrank, die anderen Klamotten hängt sie ordentlich über den Stuhl. Es wäre ihr unangenehm, wenn sich das Zimmermädchen durch die Kleiderberge wühlen müsste, um den Raum zu putzen. Schnell hängt sie noch das Badetuch über die Heizung. Dann erst geht sie hinunter zum Schwimmbad. Wenig später kommt das Zimmermädchen und macht sauber. „Prima, mit dem Zimmer war ich aber schnell fertig. Wenn doch alle Gäste so rücksichtsvoll wären", denkt es.

Falsch wäre:

Die Suche nach dem Badeanzug hat so lange gedauert, dass Mara jetzt schnell los will. Sie stürmt aus dem Zimmer, ohne noch einen Blick für das Durcheinander übrig zu haben. Außerdem ist das ja gerade das Schöne am Hotel. Man muss nicht selbst aufräumen, das erledigen die anderen für einen. Als das Zimmermädchen den Raum betritt, stöhnt es leise auf. Überall liegen Sachen auf dem Boden und selbst im Bett findet es noch Gegenstände. „Na, dann mal los", redet es sich selbst gut zu. „Ob das Kind zu Hause auch so eine Unordnung veranstalten darf?"

Unterwegs – ganz fern

Andere Länder, andere Sitten

Verhaltensweisen, die für uns selbstverständlich und durchaus höflich gemeint sind, können in anderen Ländern unter Umständen schnell zu Missverständnissen führen. Gesten werden anders interpretiert oder stellen im schlimmsten Fall eine Beleidigung dar. Informiere dich deshalb am besten vor deiner Reise, welche Fettnäpfchen auftauchen könnten. Dann kannst du sie elegant umgehen.

Dänemark, Norwegen, Schweden
Allen drei Ländern ist gemeinsam, dass man sich zur Begrüßung die Hand reicht. Auf Titel und förmliche Anreden wird wenig Wert gelegt, der Vorname reicht meistens aus. Bist du eingeladen, ist ein kleines Gastgeschenk wie ein Sträußchen Blumen gern gesehen. Besonders schick machen musst du dich nur zu offiziellen Anlässen und Feiern, ansonsten reicht Freizeitkleidung völlig aus.

In Norwegen und Schweden werden beim Betreten von Privaträumen oft die Straßenschuhe ausgezogen. In Schweden solltest du zu Einladungen absolut pünktlich erscheinen. Höflich ist, sich am nächsten Tag noch einmal beim Gastgeber für die Einladung zu bedanken.

Die Schweden nehmen ihre Mahlzeiten recht früh ein. Mittagessen gibt es gegen elf Uhr und Abendessen bereits ab 17 Uhr. Die Natur ist ihnen heilig. Zelten und das Sammeln von Beeren und Pilzen sind zwar erlaubt, du solltest allerdings das Privateigentum anderer achten und keine Pflanzen zertrampeln.

Unterwegs – ganz fern

Frankreich, Spanien, Italien
Die Franzosen haben einen großen Nationalstolz. Kritik am Land solltest du deshalb besser für dich behalten. In der Anrede sind die Franzosen eher förmlich. Es wird gesiezt, bis man sich gut kennt. Sagst du „Monsieur" oder „Madame" vor dem Namen, kommt das immer gut an. Die typischen Wangenküsse werden erst ausgetauscht, wenn man sich besser kennt. Ansonsten gibt man sich die Hand und schaut sich in die Augen. Eine Kleinigkeit als Gastgeschenk mitzubringen, ist durchaus üblich. Bist du mit der Bahn unterwegs, befestige unbedingt Gepäckanhänger an deinem Reisegepäck. Die sind Pflicht. Fehlen sie, kann der Koffer schon einmal beschlagnahmt werden.

In Spanien gibt man sich bei der Begrüßung die Hand. Freunde umarmen sich und geben einen angedeuteten Wangenkuss. Auf ordentliche und schicke Kleidung wird viel Wert gelegt.

Auch in Spanien sind Gastgeschenke bei Einladungen gern gesehen. Die Einladung erfolgt jedoch meistens in ein Restaurant und selten in ein Privathaus. Gegessen wird abends eher spät, über Mittag herrscht Siesta und die meisten Läden haben geschlossen. Die Spanier sind sehr temperamentvoll und reden auch gern einmal dazwischen. Über den Stierkampf zu reden, ist tabu.

Die Italiener geben sich zur Begrüßung die Hand und verteilen links und rechts noch kleine Küsschen. Man duzt sich recht schnell. Sie legen viel Wert auf gute Kleidung und gerade in Kirchen sind unbedeckte Schultern oder Knie tabu. Ein Essen kann schon einmal etwas länger dauern. Nudeln sind in der Regel eine Vorspeise und sollten nicht als Einziges bestellt werden. Spaghetti werden nur mit der Gabel gegessen. Kinder werden heiß geliebt und genießen so etwas wie Narrenfreiheit. Tabu sind Witze über die Mafia oder Fußball.

Griechenland
Gastfreundschaft wird in Griechenland großgeschrieben. Eine Einladung sollte deshalb immer angenommen werden.

Bringe ein paar Blumen als Geschenk mit. Freizügige und zu legere Kleidung wie Jogginganzüge sollte vermieden werden, dies gilt besonders für ländliche Gegenden und beim Besuch von Kirchen. Zur Begrüßung gibst du die Hand und als Anrede wird das förmliche Sie bevorzugt. Sagt ein Grieche „nä", so heißt das nicht „nein", sondern „ja". Nickt der Grieche dagegen mit dem Kopf, so bedeutet das Nein.

Großbritannien, Irland
England wird oft mit Großbritannien gleichgesetzt, ist aber nur ein Teil davon. Bezeichne Schotten, Waliser

oder Iren deshalb nie als Engländer. In England wird auf Körperkontakt bei der Begrüßung gern verzichtet. Ein Händedruck ist oft schon übertrieben, beschränke dich am besten auf ein freundliches „Hello". Deine Kleidung sollte eher ein bisschen zu schick sein, dein Verhalten am besten noch höflicher als sonst. Engländer reagieren empfindlich auf Kritik am Königshaus und an der Fußballnationalmannschaft. Iren sind sehr religiös, der größte Teil der Bevölkerung ist katholisch. Deshalb sind kritische Äußerungen über die Kirche oder den Papst unbedingt zu unterlassen. Iren sind eher zurückhaltend, aber dennoch gastfreundlich.

Niederlande
In den Niederlanden wird nicht sehr viel Wert auf Konventionen gelegt. Die Niederländer lieben es gern formlos und halten nichts von Angebern und Aufschneidern. Lediglich zu offiziellen Anlässen solltest du dich eleganter kleiden, ansonsten ist legere und saubere Kleidung völlig ausreichend. Bezeichne die Niederländer nie als Holländer. Holland ist nur eine Provinz in den Niederlanden, so wie Bayern ein Bundesland in Deutschland ist. Die meisten Niederländer sprechen gut Deutsch, trotzdem ist es höflich, ein paar Worte auf Niederländisch zu versuchen. Witze über das Königshaus und die Größe des Landes sind absolut tabu.

Unterwegs – ganz fern

Österreich, Schweiz
In Österreich gelten meist die gleichen Regeln wie in Deutschland. Sehr viel Wert wird allerdings auf Titel und Status gelegt. Besitzt jemand zum Beispiel einen akademischen Grad, sollte dieser in der Anrede keinesfalls fehlen. Damen erhalten zur Begrüßung teilweise noch einen Handkuss, sonst reicht man sich die Hand.

Die Schweizer legen zwar Wert auf Höflichkeit, gehen aber trotzdem schnell zum Du über. Eine typische Grußformel ist „Gruezi", die auch bei offiziellen Anlässen benutzt werden kann. In der Schweiz werden neben Französisch und Italienisch auch Rätoromanisch und natürlich Schweizerdeutsch gesprochen. Hochdeutsch benutzt der Schweizer nur, wenn er mit Fremden spricht. Tabu sind Bemerkungen über die lustigen Dialekte und über die Langsamkeit der Schweizer. Achtung: In der Schweiz ein Müsli zu bestellen, löst viel Gelächter aus. Denn Müsli bedeutet Maus. Die gesunde Frühstücksmischung heißt dagegen korrekt Müesli.

Türkei
Die Türkei ist in vielerlei Hinsicht immer noch sehr stark mit Traditionen verbunden und ein wenig konservativ. Unbedeckte Schultern oder zu kurze Hosen machen einen schlechten Eindruck und für den Besuch von Moscheen gibt es strenge Kleidervorschriften und Regeln: Frauen sollten ein Kopftuch tragen und weder nackte Arme noch Beine zeigen. Auch für Männer gilt: Nur mit langen Hosen ist das Betreten erlaubt. Eine Einladung zum Essen ist eine große Ehre und sollte unbedingt erwidert werden. Vor dem Betreten des Hauses ziehst du die Schuhe aus. Bei Tisch die Nase zu putzen, gilt als sehr unhöflich.

Knigge-Quiz

Wenn du das vorangegangene Kapitel aufmerksam gelesen hast, fallen dir die Antworten auf die Fragen sicher leicht. Was weißt du noch?

1. Wie verhältst du dich als Gast in einem fremden Land?

☐ a) So wie zu Hause
☐ b) So wie ich will. Ich bin ja Gast!
☐ c) Ganz besonders höflich, um niemanden zu beleidigen

2. Welche Räume darfst du auf einem Schiff betreten?

☐ a) Nur die öffentlich zugänglichen Bereiche und meine Kabine
☐ b) Nur meine Kabine
☐ c) Alle bis auf den Maschinenraum

3. Was solltest du in England nicht tun?

☐ a) Schotten und Waliser als Engländer bezeichnen
☐ b) Die Einwohner mit Hello begrüßen
☐ c) Dich schick anziehen

4. Wohin legst du im Hotel dein benutztes Handtuch, wenn du ein frisches möchtest?

☐ a) Auf das Bett
☐ b) Auf den Handtuchhalter
☐ c) Auf den Badezimmerboden

5. Du hast im Flugzeug leider nicht den Fensterplatz bekommen. Was tust du?

☐ a) Ich nerve so lange, bis mein Nebenmann aufgibt und mir den Platz überlässt.
☐ b) Ich finde mich damit ab und vereinbare mit meinen Eltern, dass wir das nächste Mal früher beim Check-in sind, damit ich einen Fensterplatz bekomme.
☐ c) Ich beuge mich so weit über meinen Nebenmann, dass ich trotzdem aus dem Fenster sehen kann.

Kniggespiel

Beim Kniggespiel kannst du, deine Freunde und deine Geschwister testen, wie gut ihr euch in Sachen Benimm auskennt. Ziel des Spiels ist es, möglichst viele Kniggepunkte zu sammeln. Es gewinnt der Teilnehmer, der zuerst 15 Kniggepunkte erreicht.

Anzahl der Spieler:
ab zwei Personen

Benötigtes Material:
- Blanko-Memory-Karten oder Karteikarten
- Pro Spieler 15 Münzen, Streichhölzer oder Ähnliches (Spielgeld, Plastikchips), um die Punkte zu vergeben und zu zählen.

Vorbereitung:
Auf die Blankokarten werden die unten genannten Begriffe geschrieben, pro Karte jeweils ein Begriff. Dann werden die Karten gemischt und verdeckt auf den Tisch gelegt.

Und so gehts:
Die Spieler einigen sich darauf, wer anfangen darf (zum Beispiel der oder die Jüngste).

Dann wird eine verdeckte Karte vom Stapel gezogen. Der erste Spieler nennt zu dem Begriff auf der Karte möglichst viele Kniggeregeln, die ihm einfallen. Pro richtiger Regel erhält er einen Kniggepunkt. Für eine falsche Nennung kann ihm ein Punkt abgezogen werden.

Fallen ihm zu dem Begriff keine Regeln mehr ein, ist der nächste Spieler an der Reihe. Dazu wird ein neuer Begriff aufgedeckt. Die alte Karte wandert unter den Stapel zurück.

Das Spiel ist zu Ende, wenn ein Spieler 15 Kniggepunkte erreicht hat oder wenn alle Karten bereits einmal aufgedeckt waren und niemandem mehr etwas einfällt. Natürlich kannst du mit deinen Freunden und deiner Familie auch weitere Begriffe auf Karten schreiben, um das Spiel zu verlängern.

Begriffe:
Restaurant, Begrüßung, Handy, Bus, Flugzeug, Bahn, Hotel, Essen, Besteck, Duzen und Siezen, Serviette, Bedanken, Körperpflege, Theater, Fahrrad, Tischsitten, Kleidung, Jugendsprache, schwierige Gerichte, zu Gast, Gastgeber sein, SMS, Musik, Einladung, Kino, Sitzplatz, Brief, E-Mail, Gläser

Beispiele:

a) Ziehst du zum Beispiel das Wort Besteck, könntest du Kniggepunkte für folgende Regeln bekommen:

- Das Buttermesser liegt auf dem Brotteller.
- Besteck wird von außen nach innen benutzt.

b) Zum Thema Bus und Bahn gibt es unter anderem folgende Regeln:

- Erst aussteigen lassen, dann einsteigen
- Für „Gepäck stelle ich im Gang ab" würde dir ein Punkt abgezogen werden.

Welche Regeln kennst du noch?

Register

Anrede 16, 19, 21, 104 ff.
Bahn 88 ff., 105
Begrüßung 14 ff., 18, 20 f., 104 ff.
Besteck 36 ff., 43
Bitte 24 f., 27
Blickkontakt 15, 78
Brief 84
Buffet 42 f.
Bus 88 ff.
Chatten 83
Danke 24 f., 27
Duschen 57
Duzen 18 ff.
Einladung 45, 64, 66 ff., 104 f., 107
E-Mail 81 ff.
Fahrrad 90, 92 f.
Fisch 46 f.
Fluchen 28 f.
Flugzeug 97, 100 f.
Gähnen 60 f.
Gastgeber 41 f., 45, 67, 70
Gastgeschenke 66, 104 f.
Geflügel 49
Gläser 39, 41
Händedruck 15, 21, 106
Handtuch 101 f.
Handy 75 f., 78, 80, 93
Hotel 101 f.
Husten 60
Jugendsprache 27 f.
Kino 64, 70 f.

Kirche 105 f.
Kleidung 53 ff., 71, 100, 104 ff.
Knigge, Adolph Freiherr 8 f.
Körperpflege 57, 60
Kuss 18, 105
Meeresfrüchte 46 f.
Mundgeruch 60
Museum 73
Musik 85, 90
Niesen 60
Rechnung 43, 45
Restaurant 39, 43, 45, 49 ff., 75 f.
Rülpsen 38
Schiff 100 f.
Schimpfwörter 29 f.
Schmatzen 38, 71
Serviette 38 f., 41, 50 f.
Siezen 18 ff.
SMS 78, 80
Spaghetti 46
Straßenverkehr 88, 90, 93
Streit 30, 33
Telefonieren 75 f., 93
Theater 64, 71, 76
Tischdecken 38
Tischordnung 69
Umarmung 15, 18
Verabschiedung 16, 83

Lösungen

Knigge-Quiz

Kapitel 1, Seite 13: 1b, 2a + b, 3a, 4c, 5b, 6b

Kapitel 2, Seite 23: 1c, 2c, 3a, 4a

Kapitel 3, Seite 34: 1b, 2c, 3a, 4c, 5b, 6a

Kapitel 4, Seite 52: 1c, 2c, 3b, 4b, 5c, 6b

Kapitel 5, Seite 63: 1b, 2b, 3b, 4c, 5b

Kapitel 6, Seite 74: 1c, 2a, 3c, 4a

Kapitel 7, Seite 87: 1c, 2a, 3c, 4b

Kapitel 8, Seite 95: 1c, 2b, 3c, 4b, 5a

Kapitel 9, Seite 108: 1c, 2a, 3a, 4c, 5b

Bildnachweis

Mauritius Bildagentur, Mittenwald: S. 21

www.fotolia.de: AGphotographer, S. 33 / Aleksey Kondratyuk, S. 42–43 / Almut Müller, S. 110 / Chlorophylle, S. 14 / David Davis, S. 77 / DeVl, S. 19 / DevilGB, S. 106 / Dot Com, S. 70–71 / Dron, S. 12 / ExQuisine, S. 49 r. / Eyewave, S. 46 / Fantasista, S. 78 / Franz Pfluegl, S. 102, 104 / fred goldstein, S. 98 / Gerald Bernard, S. 24 / HAKOpromotion, S. 49 l.o. / HLPhoto, S. 50 / ILya Afanasyev, S. 93 / Ismael M Verdu, S. 105 / Jacek Chabraszewski, S. 81 / Jasmin Merdan, S. 29 / Kathrin Uhlenbruch, S. 16, 92 / Liv Friis-larsen, S. 49 l.u. / Mark Propocki, S. 41 / Marzanna Syncerz, S. 96 / Matthew Cole, S. 3 / matttilda, S. 68 / Michael Kempf, S. 6 / milkovasa, S. 61 / Monkey Business, S. 11, 35, 37 / Paul Moore, S. 31 / philippe Devanne, S. 56 / pressmaster, S. 54 / Rene Grycner, S. 4–5 / Sam Shapiro, 73 / Sandra van der Steen, S. 66 / Sascha Burkard, S. 51 / Sergio Castelli, S. 47 / sonya etchinson, S. 86 / Susann Weiss, S. 107 / Trombax, S. 84 / Vely, S. 45 / Victoria Short, S. 109 / wibaimages, S. 58 / Yuri Arcurs, S. 25

www.shutterstock.com: Pedro Nogueira, S. 40